こころを育てる創作トランプ

ゲームで進める「学級づくり・人間関係づくり」

土田雄一 編著

図書文化

刊行によせて

　私は，この本を自信をもっておすすめします。

　本書の編著者，土田雄一先生について，私はことあるごとに「土田先生は，千葉県ナンバー１の小学校教員です」と人に紹介していました。

　私と土田先生とのお付き合いは，土田先生が千葉大学に長期研修生として来られたほぼ10年前にさかのぼります。長期研修生として派遣される先生方には，とても優秀な方が多く，私たちが出すむずかしい要求に応えてくれる優秀な先生方に，何人もお会いしました。その先生方とのお付き合いは，いまも私の財産になっています。しかし，土田先生は，ほかの先生方と全く違う面が一つありました。

　土田先生は，指導する側であった大学の教員が「よくこんなこと思いつくなあ」と驚く，ユニークな視点や奇想天外なアイデアを次々と出してこられるのです。最近も，土田先生と一緒に行っているある研究会において，三角や折りたたみ式のワークシートや，飛び出すワークシートなど，次から次へと考えてくるのです。「ワークシートは四角くて平べったい」と思いこんでいた私の常識はくつがえされました。

　大学教員は，現場の先生方の「普通はこうする」という常識を打ち壊すのが役割です。しかし，土田先生は，新しい考えを提示する役割の私たちの常識を打ち破り，こちらが出す注文の上を行く創造的な考え方を次から次へと提示してくるのです。こんな現場教員に，私はいままで出会ったことがありませんでした。そのうえ，現場の実際的な要求にもバランスよく応えることができる。その腕が買われて，いまでは千葉大学の助教授になっています。

　その土田先生がこれまで生み出してきたさまざまなアイデアの中でも，とびきりのものが，この「創作トランプ」です。この創作トランプは，やってみるとわかりますが，楽しくて，ためになり，人間関係力がつきます。ただ楽しんでいるだけで，子どもたちの創造力が発揮され，人間関係力もついてくるのです。こういうアイデアを次から次へと出せる人は，土田先生をおいてほかにはいません。そのなかでも温存していた，とっておきのアイデアが「創作トランプ」なのです。

　土田先生は，毎日の生活の中で，自分が楽しいと思えるものを，「教材化できるのではないか」という視点で捉えています。これが教材づくりの達人の多くに共通する特徴です。その教材開発の能力がいかんなく発揮されたのが本書です。本書を読んで「楽しくて，ためになり，人間関係力がつく」実践を行っていただきたいと思います。

　これであなたも土田ワールドの一員です！

明治大学教授　諸富祥彦

まえがき

　子どものころ，家族でよくトランプをした。ババ抜きや七並べ，大富豪などに興じたことは家族のなつかしい思い出である。トランプが家族や友人との楽しい思い出になっている方も多いだろう。「トランプ（trump）」はもともとは「切り札」という意味をもつ。「トランプ」は日本の呼び方であり，世界では「プレイングカード（playing cards）」という。人と人をつなげる根強い人気がある，世界共通の玩具である。
　トランプにはデザイン・形などたくさんの種類があるが，最も愛着がわくのは，「自分で作ったトランプ」ではないだろうか。世界にたったひとつしかない自分のトランプ。このトランプづくりのプロセスがこころを育て，人間関係づくりを促進する。
　しかも，その創作トランプがすてきな仕上がりならうれしさはこのうえない。
　本書の付録として，「感情トランプ」を収録している。ぜひ使ってほしい。私は，皆さんにぜひ「創作トランプ」にチャレンジすることをおすすめする。面白く，楽しく，学級の人間関係づくりに役立つ。学習の発信アイテムとしての活用もできる。とにかく使い方が豊富である。付録のCD-ROMには，パソコンで手軽に作れるトランプのフォーマットを収録してある。ぜひ活用していただきたい。学校だけでなく，家庭でも使える。デジカメで撮った家族の写真を貼り付けたり，スキャナを使えば子どもの絵や文字もそのまま貼り付けたりできる。
　この本ができる前に，『100円グッズで学級づくり―人間関係力を育てるゲーム50』を2006年6月に上梓した（この本も大好きで私らしさのある本に仕上がった）。
　この2冊に共通することは何か。子どもたちの「創作意欲を刺激する」ことだ。「知的好奇心を刺激する」ことだ。「人とかかわることが楽しくなる」ことだ。「遊び心がある」ことだ。だから，前掲書の「あとがき」と同じコメントを書く。
　「先生方の工夫次第で，もっと面白くて子どもたちの人間関係が促進される」創作トランプができる。本書はそのための「たたき台」「参考資料」である。
　本書作成にあたっては，私の主催する「教材開発研究会」（旧・創作トランプ研究会）のメンバーがさまざまな実践に挑戦し，皆さんの参考となる実践例を掲載することができた。この本は会員たちの努力の結晶でもある。
　「創作トランプ」はこころを育て，知的創造力を刺激する。人間関係づくりの「切り札」である。

2006年12月

　　　　　　　　　　　　　　　　　　　　　　　　　　　　　　　　土田雄一

こころを育てる創作トランプ
―― ゲームで進める「学級づくり・人間関係づくり」

目次

刊行によせて…2
まえがき…3

第1章　創作トランプとは何か ―――― 5

　1　創作トランプとは…6／2　創作トランプの効果…7／3　創作トランプを作る…10／4　創作トランプの効果的な遊び方…12／5　創作トランプを導入する…13／6　創作トランプの可能性…14

第2章　トランプを活用する！　創作トランプ導入編 ―― 17

　学級づくり　1　2学期の目標トランプ…19／2　心が元気になるトランプ…23

　人間関係づくり　3　家族川柳トランプ…29

　道徳・ソーシャルスキル　4　あたりまえだけど大切なことトランプ…33／5　ソーシャルスキルトランプ…37

第3章　子どものこころが育つ！　創作トランプ発展編 ―― 41

　学級づくり　1　運動会がんばろうトランプ…42／2　カッコイイ6年生になろう！トランプ…44

　人間関係づくり　3　お別れ卒業記念トランプ…45／4　友達ありがとうトランプ…46／5　卒業生思い出トランプ…48／6　親子でトランプ…50

　教育相談・ストレスマネジメント　7　お悩み解決トランプ…52／8　ストレス対処トランプ…54／9　感情トランプ…56

　教科・領域に導入する　10　道徳Q&Aトランプ…58／11　知ってる!?「日本の生活・慣習」トランプ…60

コラム「トランプの歴史と種類」…16
著編者紹介…62

第1章

創作トランプとは何か

 節　創作トランプとは

　「創作トランプ」とは，トランプの表のスート（スペード・ハート・クラブ・ダイヤ）と数字はそのままで，カードの中央部分にオリジナルのメッセージ等を書き込んだり，裏面のデザインを自作したりしたものである。

 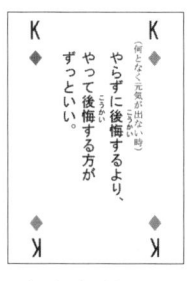  

　いわば，トランプに付加価値をつけたものである。

　青少年野外教育財団は，子どもの疑問・質問とそれに対する回答のヒントをトランプに書き込んだ「子どもなぜなぜトランプ」（2005年2月）を作成した。トランプにQ＆Aを書いて付加価値をつけ，メッセージを伝える役割をさせたのである。この方法は，学習の発表や人間関係づくりなどに応用できる。本書の実践は人間関係づくり・こころを育てる側面に着目したものである。

　本書巻末には，創作トランプの実践にすぐ使える見本の「感情トランプ」を掲載した。また，CD-ROMには，名刺作成用紙を活用して，子どもたちがオリジナルのトランプを作ることができる作品例を収録している。

1　創作トランプの2つのねらい

　創作トランプ活用のねらいは主に2つある。1つは学習効果を高めるためのもの。学習する（した）ことの受信発信アイテムとしての活用である。

　もう1つは人間関係づくりや「こころを育てる」ためのもの。心を元気にするメッセージを伝えるアイテムとしての活用である。

①学習の受信・発信アイテム

　ことわざや歴史上の人物など覚えたい学習事項を，トランプの中央部に書き込んだものである。ゲームをすると目にする機会が増え，学習事項が身につく。

②人間関係づくり・「こころを育てる」アイテム

　トランプの中央部に，心が元気になるメッセージをはじめとした「心の教育」に関連した言葉を書き込んだもの。ゲームをすることで気持ちや心まで元気にする。メッセージだけでなく，ゲームのもつよさを生かしたものである。

2　創作トランプの活用方法

創作トランプは，自分たちで作成して活用する場合と，他者が作成したものを活用する場合がある。それぞれの場面に応じて活用する。

①自分たちで作成して活用する

子どもたちの調べたことや考えを表現する場としてトランプを活用する。発信するためのアイテムとしてトランプを活用するのである。

本書では，「あたりまえだけど大切なことトランプ」（P.33）がこれにあたる。道徳学習の一環から発展し，6年生が「学校で守らなくてはいけないルールや約束」を話し合い，1年生に教えるためにトランプ作りをした。グループごとに，基本的なルールは何かを考えて54種類に絞り，1組のトランプにまとめた。完成したトランプで1年生と一緒に遊ぶことで，いままであまり意識していなかったルールを再確認した。ゲームを通して1年生との人間関係が強まるとともに「あたりまえだけど大切なこと」への自覚が高まったのである。

創作トランプは，ねらいや学校・学級の実態に応じて多様に活用できる。

②他者が作成したものを活用する

トランプの中央部分に書き込まれたメッセージがもたらす効果を活用する。メッセージ入りのトランプで遊ぶことで，よい影響を及ぼすのである。

本書では，「ストレス対処トランプ」（P.54）がこれにあたる。ストレスを抱えている子どもを対象に創作トランプを行い，メッセージから問題解決のヒントやストレス解消方法を学ばせた。

2節　創作トランプの効果

では，こころを育てる創作トランプにはどのような効果があるのだろうか。

1　「トランプ」のよさ

創作トランプの効果の前に，トランプ自体のよさについて述べておきたい。

①人間関係を築く

まず，トランプ自体が人間関係づくりの基本アイテムであるといえる。

皆さんは修学旅行や友人との旅行にトランプやUNOを持っていき，「大富豪」などのゲームを，時間を忘れて楽しんだ経験はないだろうか。人とかかわり，楽しいひとときを過ごすアイテムとしてトランプは重要な役割をもつ。

私が，トランプに注目したきっかけは，教育支援センター（適応指導教室）

での子どもたちとのかかわりからである。以前，教育相談関係の仕事をしていた私は子どもとの面接でも，トランプをはじめ，カードゲームをしながら，コミュニケーションをとることが多かった。トランプをすることで，かたさがほぐれ，お互いの距離を近づける効果があったのである。

実際に多くの教育支援センターで，トランプなどのカードゲームが行われている。初めて教育支援センターに来た子や言語コミュニケーションが苦手な子も参加しやすい。ルールさえ知っていれば，異年齢でも一緒にゲームができ，所属感を満たすことができる。ゲームでよい結果を出せれば，充足感や自己有能感も味わうことができる。同時に，適度の負けもよい刺激となる。

つまり，言葉や年齢の壁を越えて，だれでも楽しく参加でき，人間関係づくりに役立つ基本アイテムの一つがトランプなのである。

②「ルールを守る」ことを学ぶ

ゲームにはルールがある。それを守ってこそ，楽しいゲームができる。低学年では，ルールや順番を守ることも身につけねばならない重要な学習である。

ADHDの男子（小2）とプレイセラピーをしたときのことである。初めは警戒心が強く「こんなオヤジと遊ぶのは嫌だ」とごねていた。母親と「せっかくだから，トランプでもやろう」と水を向けたところ，「しょうがない」と付き合ってくれた。「ババ抜き」など，知っているゲームを行ったところ，一気に仲よくなれた。驚いたのが，衝動性が強い子だったのに，きちんと順番を守り，落ち着いてゲームに参加できたことである。遊び方によるが，トランプは集中力を高めたり，落ち着いて活動に取り組ませたりする効果もあると感じた。

本書の実践を行った学級でも，雨の日にトランプをすることで，「1年生が廊下を走ったり，教室内で暴れたりすることが少なくなった」という。

③指先の技能を育てる

トランプのゲームでは「カードを切る技術」「配る技術」が必要である。これは意外にむずかしい。最近の子どもたちには，テレビゲームのボタン操作は上手でも，トランプを「切る」「配る」ことは上手にできない子が多い。指先を多く使うことは，知能の発達にもつながる。

④豊富な遊び方がある

似たようなカードゲームには，カルタや花札がある。カルタや花札は遊び方の種類が少ない。トランプにはたくさんの遊び方がある。「ババ抜き」や「神経衰弱」「七並べ」など多様である。自然に目に入る回数や時間が増える。

このように，トランプ自体に人間関係づくりを促進する大きな効果がある。

トランプのゲームは，人とかかわりながら進めるものであり，互いにルールを守らないと楽しく遊べない。遊び方にもよるが，静的活動なので，落ち着いて取り組む習慣を自然に身につけることができる。遊び方が豊富なことも魅力である。トランプを活用して，1人でも大勢でも遊ぶことができる。

2 「創作トランプ」のもたらす効果

カードのスペースにメッセージを書き込み，トランプを「キャンバス」として付加価値をつけたものが，創作トランプである。

創作トランプのもたらす効果とは何か。

①「おまけ」としての効果

本来はトランプである。「おまけ」（付加価値）として，メッセージや学習の発表の場として活用する。

「心が元気になるトランプ」の保健室での実践例（P.27）からわかるように，メッセージに限って言えば，主目的でないことがよい。「メッセージカード」ではなく，トランプの「おまけ」であることがよい。しっかり向き合う必要はないが，使いながら読んでいくことで，自分の心と向き合える。直接的過ぎると，向き合えなかったり，つらくなったりすることがあるだろう。トランプが中心で，そのついでに「おまけのメッセージ」があることがよいのである。

また，創作することで自分の心を整理し，表現することができる。作文ではなかなかこうはいかない。ちょっとした「おまけ」だからよい。

②作成したメッセージが双方に伝わりやすい

トランプの表面を「メッセージや学習を受信・発信するキャンバス」として活用することで，効果が生まれる。

発信型の取組みに，「2学期の目標トランプ」（P.19）「あたりまえだけど大切なことトランプ」（P.33）などがある。作成した子どもと活用した子どもの双方に，メッセージを伝える効果はあったが，特に，作成した子ども自身への効果が大きかった。自分たちでメッセージを考え，選択し，作成した結果である。

③愛着度が高く，繰り返し使うことで学習効果が期待できる

実践を行ったある小学校では，トランプがぼろぼろになっても，年度の終わりまで，自作のトランプを愛用していた。市販のトランプを常備していたにもかかわらず，休み時間のトランプ遊びには自分たちが作ったものを使っていたのである。この愛着度の高さは，自分たちが内容を考え，作ったことによるものだろう。繰り返し使えば，自然と内容が目に入る。心に残りやすくなる。

創作カルタには，地域のよさをまとめた「地域カルタ」等の実践がある。自

分たちで作成し，活用しながら，地域理解を深めるものである。従来の「発表型」ではない「活用型」の取組みであるが，残念なことにカルタはカルタ以外の方法で遊ぶことが少ない。つまり，目にふれる機会・方法が限定される。発信の場としてのカルタをトランプに変えるだけでも学習効果は高まる。

④異学年交流を促進する

　発信型の創作トランプの中に，高学年から低学年に教えるという授業がある（「運動会がんばろうトランプ」P.42）。このような授業を行うと，子どもたちには低学年に教える・低学年と遊ぶという活動を通して，自分たちもしっかりしなくてはならないという高学年としての自覚が生まれる。そのほか，「卒業生思い出トランプ」（P.48）では，5年生が6年生への感謝・尊敬の気持ちを表現するなど，「異学年交流」を促進する有効なアイテムとなる。

3節　創作トランプを作る

1　「創作トランプ」の作成手順

　一例として，「心が元気になるトランプ」（P.23）の作成手順を紹介する。

①「ねらい」・「目的」を考える

　まず，創作トランプのねらいを決める。この際，対象となる子どもをイメージすることが必要である。

②各自が考えたメッセージを出し合い，検討する

　対象の子どもをイメージしながら，どうしたら元気がでるか言葉を考え，出し合う。ブレーンストーミングで，初めはとにかくたくさん出す。

③スート別にテーマを決める

　たくさん出された言葉から，カテゴリー分けを行い，テーマを決める。そのとき，トランプのスート別に4つのテーマに言葉を分けた。「テストが悪かったとき」「何となく元気が出ないとき」「友達とけんかしたとき」「家の人にしかられたとき」である。「家族川柳トランプ」（P.29）のように「父親編」「母親編」「家族編」の3つにした例もある。

④メッセージを絞り込む

　出されたメッセージをスートごとに分け，52個（トランプ1組分）に絞り込む。話し合ってもよいし，重要度を考えてランキングし，上位のものを使ってもよい。似た内容のものは統合し，より洗練された内容にする。

⑤トランプに書き込む

　決定した52個のメッセージを，トランプに書き込む。

　目的に応じて，手書きにするか，パソコンで作成するか決める。1組ならば手書きでもよいが，グループ全員に1つずつ同じトランプを配ったりする場合は，パソコンなどで作成するとよい。以下は，「心が元気になるトランプ」の一例である。作成は創作トランプ研究会（現・教材開発研究会）が行った。

◎テストが悪かったとき（スペード）
2　これで人生終わりじゃないぞ！
4　結果だけじゃない。それまでの努力が大事なんだ。
5　どんまい！次があるさ。そして，その次も。
7　「七転び八起き」。次がんばろう！
8　わからないところを聞きにきてくれるとすごくうれしいんだな。(先生より)

◎何となく元気が出ないとき（ダイヤ）
1　大きく手をふって，歩いてみよう！
2　鏡に向かって，にっこりしよう。ほら，すてきな笑顔だね。
4　思うようにならないとき，「待つ」こともありかな。
5　今日は，うだうだしてみませんか？
8　何とかなる。どうにかする！

◎友達とけんかしたとき（クラブ）
1　いっしょに遊ぶ？
2　けんかしても仲直りできるよ。
3　私はあなたの味方だよ。
4　私でよければ話を聞くよ。
5　勇気を出して本音を聞いてみたら？

◎家の人にしかられたとき（ハート）
1　私なんて，毎日しかられてるよ！
2　悪かったところがわかればいいじゃん！
3　しかったあと，胸がつぶれそうになることもあるんだよ。(母より)
5　家の人は，あなたの事が心配なんだよ。
7　「子の心，親知らず」だよなあ～。

2　手書きかパソコンか

①「学習の発信」はパソコンによる作成がよい

　学年にもよるが，多くの人に活用してもらい，メッセージを受け取ってもらうためには，手書きでは限界がある。オリジナル性はあるが大量に同じ情報を発信することはむずかしい。大量に作成するには，パソコンを活用して，デジタルカメラの写真や字体・レイアウトを工夫するとよい。見た目も美しく，完成度が高くなり，製作した側の満足度も増す。

②「オリジナルメッセージ」「思い出」は，手書きがよい

　伝える内容が「対個人」の場合は，手書きの方が，個性が出てよい。もらった側も文字や絵から一人一人の顔を思い浮かべることができる。パソコンの文字だと，美しいが相手に作成者の個性やあたたかさは伝わりにくい。

4節　創作トランプの効果的な遊び方

　創作トランプはただ作って遊べばよいものではない。どのゲームで遊ぶかによって，効果の違いは明白である。

1　効果的な遊び方

　小学3年生を対象に行ったある実践学級では，「スピード」というゲームが流行していた。そこで，創作トランプを使ってそのゲームを行ったところ，メッセージに気持ちが向かなかった。速さを競うものは，基本的に向かない。読んでいる余裕がないので，メッセージの効果がほとんどないのである。攻撃性の高いゲームはスピード感があり，楽しさもあるが「心のゆとり」や「関係づくりの効果」は少なくなる。

　効果的な遊び方のポイントは次の通りである。

①カードを手に持っている時間が長いゲーム

　例えば，「ババ抜き」や「大富豪」である。手にカードを持っている時間が長ければメッセージを見る時間が増える。

②カードを表にして出す（並べる）ゲーム

　例えば，「七並べ」や「神経衰弱」である。全てのカードがオープンになるので，参加者全員が全てのメッセージを読むことができる。

③ローカルルールをつくる

「メッセージを読み上げる」などのルールを加えた「七並べ」「神経衰弱」はメッセージへの意識がより高まる。「ぶたのしっぽ」では，「前のカードのメッセージを読んでからめくる」というルールもよい。自然にメッセージを意識する。

ほかにも，発達段階・学級の実態に応じた遊び方を工夫するとよい。

5節　創作トランプを導入する

1　「創作トランプ」を学級で導入する

「創作トランプ」を学級で実施する場合，どのような導入の仕方をすると子どもたちの意識がトランプに向くのだろうか。

①既存のトランプをする

まず，一般的なトランプを休み時間などに行う。子どもたちの好きなゲームをする。そこに，「子どもなぜなぜトランプ」や「交通標識トランプ」など，中央に文字や絵が書いてあるトランプを紹介する。そうすると，メッセージが自然に目に入り，「中央に文字や絵を入れる」ことを遊びを通して知る。

②付録の「創作トランプ」を活用する

そこで教師が作った「創作トランプ」(本書の付録でもよい)を紹介する。「こんなトランプもあるよ」「自分で作れるんだよ」と提示すれば，「作ってみたい」と思う子もいるだろう。トランプの「キャンバス」機能を意識させ，自分たちの思いを表現する場としてトランプが活用できることに気づかせる。

③課題（子どもたちに考えさせたいこと）を話し合う

一方で，自分たちのもつ課題を考えさせたり，解決策を話し合わせたりする。大切にしたい学校のきまりやルールを話し合ったり，年度末に「いままでありがとう」という気持ちで，友達へのメッセージを考えたりするのである。初めにトランプありきではなく，自分たちの課題解決の発信道具としてトランプを活用する。学習に関する課題でもよい。学習成果の発信道具として活用できる。

2　作成時間を確保する

作成には，総合的な学習の時間，国語など関連する教科と組み合わせて時間を確保する。実践例の「友達ありがとうトランプ」(P.46)は，道徳と学活を，「卒業生思い出トランプ」(P.48)は，国語と総合の時間を活用している。

表面に記入する言葉だけでなく，裏面のデザインまで，自分たちで行うとしたら，図工としても時間をとることができるだろう。実践の内容に応じて，教育課程に位置づけていくとよい。また，教師があらかじめ，トランプ作成を意識しながら教育計画を立てると，ゆとりをもった取組みができるだろう。

3　創作トランプを行うときの留意点
①「見通し」をもって行う
　　創作トランプを作成して，どのようなことをねらうのか。活用したあとはどのようにするのか。見通しをもって取り組むことが望ましい。完成後のトランプの扱いも，あらかじめ考えておく。手書きの場合，人数分を作ることはむずかしい。グループで作ったトランプが1個のとき，だれかが持ち帰るのか，残すのか，最後にはどうするかを考えて実践する必要がある。トランプの台紙となる名刺作成用紙などの経費についても考えておく必要がある。

②「家族川柳トランプ」「親子でトランプ」などは学級の実態に応じた活用を
　　家庭環境が複雑な家庭もある。家族を意識させることが，よくない場合もある（離婚直後，死別して間もないなど）。実践例の「お悩み解決トランプ」（P.52）も学級の状況によって実践できないこともあるだろう。学級の実態を考慮し，ねらいを明確にもって，適切に活用することがポイントである。

6節　創作トランプの可能性

1　学習での活用の広がり
　　今回は「人間関係づくり」に焦点をあてた実践であった。学習に重点をおいた実践も効果があると推察される。創作トランプの「キャンバス」「発信材」としての可能性がみえている。例えば，地域のよさを調べてまとめ，地域理解を深める「地域トランプ」や，環境学習で地球を守る方法をまとめたトランプ，県庁所在地や産業など都道府県の特徴を書いたトランプなども考えられる。
　　学習でも活用方法はさまざまである。どの学年のどのような単元で，どのような内容で活用するとよいかなど，実践例の積み重ねが今後の課題である。

2　特別支援教育での広がり

　実践例にあるように,特別支援教育への広がりも可能である(「感情トランプ」P.56)。対象の子どもの実態に応じて,自作のトランプができる。個に応じた「学習材」として創作トランプを活用することができるだろう。

3　かかわりが苦手な子どもへの援助ツールとしての広がり

　保健室登校や不登校の子どもへの創作トランプの活用では,「心が元気になるトランプ」を学習への「刺激材」として活用している。

　ある不登校の子ども（小6）は,自分自身へのメッセージを含めて「創作トランプ」を作ることができた。それまでの経緯を考えると,かなり前向きな取組みだった（そのトランプは「担任からのメッセージ」というスートもある）。

　「他者が作成したトランプ」は,子どもたちの創作意欲を刺激し,作成モデルとなることがわかる。「刺激材」として効果を持つ。

4　親子での活用の広がり

　実践を行ったある小学校では,トランプブームが家庭に広がった。学校から家庭へと親子のかかわりのある遊びが広がっていったことは意味がある。親子の会話を助けるアイテムとなり,お互いを理解し合うきっかけづくりになる。親子での活用を前提とした創作トランプもできる。例えば「家族川柳トランプ」(P.29),親子の気持ちを代弁する「親子でトランプ」(P.50)などの作成ができる。トランプを自分たちで作れば,親子の会話もさらにはずむだろう。

5　おわりに

　今回の実践例は小学1年生から中学3年生,保護者までに及ぶ。お年寄りとの活用も可能であろう。ここにも活用の広がりの可能性を感じる。

　「創作トランプ」は,自分で作るプロセスが実に楽しい。もっとやってみたくなる。ぜひ,皆さんも,CD-ROMを活用して,オリジナルのトランプ作りに挑戦してほしい。そして,面白い実践があったら報告してほしい。

　「創作トランプ」は,人と人をつなげながら,それぞれの学びを広げる魅力的なアイテムである。

コラム　トランプの歴史と種類
●テーブルゲームの定番アイテム
　トランプを知らない人はほとんどいない。それほど，テーブルゲームの定番アイテムであり，家族や友人と楽しむことができる根強い人気がある「玩具」である。
●トランプの歴史と種類
　「トランプ（trump）」はもともとは「切り札」という意味をもつ。「トランプ」は日本独特の呼び方であり，世界的には「プレイングカード（playing cards）」という。インド・中東で生まれて，ヨーロッパに渡ったとされる説があるが，その起源は定かではない。現在の「トランプ」が日本に入ってきたのは明治期。明治19年に輸入されて現在に至っている。
　トランプ（playing cards）は，世界中で愛用されている。その種類は多く，色柄・デザインだけでなく，数字が書かれている面にもさまざまな工夫がなされているものも少なくない。アメリカの「だまし絵トランプ」（カードの中に錯覚をモチーフとした図や絵が入ったもの）や日本の「交通標識トランプ」（交通標識を絵付きで解説したもの），「ひらがなトランプ」（ひらがなと文字を使った絵が入ったもの），「花札付きトランプ」（花札の絵柄が入ったもの）などがある。さらに，材質や形状に変化を持たせた「透明トランプ」や「丸型トランプ」，「縦長トランプ」，「大判トランプ」などもある。つまり，このようにたくさんの種類があり，玩具量販店にも常に数種類の「トランプ」をおいているということは，現在も根強い人気とニーズがあるといえるだろう。

第 2 章

トランプを活用する！
創作トランプ導入編

第1章で手順について解説したが，本章では，初めて「創作トランプ」を活用する際に参考となる事例を，指導案付きで掲載する。どれも，そのまま使ってよい実践例だが，実態に応じて，工夫して活用されるとよいだろう。
　CD-ROMに収録されている「心が元気になるトランプ」をそのまま使った2つの実践例がある。小学校の学級での実践と，中学校の保健室での実践であり，対象は違うが，どちらもトランプのメッセージが心に残る工夫がされている。
　「2学期の目標トランプ」「あたりまえだけど大切なことトランプ」「ソーシャルスキルトランプ」は，自分たちで作るプロセスが学びであり，活用することで意識化される取組みである。異学年交流としても使うことができる。
　「家族川柳トランプ」は，国語の授業としても楽しい。親子でさまざまな家族の様子を表した川柳を聞きながら，「そうそう」と思わずにっこりする様子が目に浮かぶ。トランプにまとめることで，1つの作品となり，家庭でも活用できるので，「親子のコミュニケーションづくり」にも役立つ。
　また第3章では，学年や学級の実態に応じた取組みができる実践を紹介した。「自分たちで作って活用する」。これが創作トランプの面白さである。人とのかかわりが増える。こころを育てる。ゲームのルールや順番を守る習慣が身につく。家庭では親子のコミュニケーションが増える。
　実践例を参考に，①付録のトランプを使ってみる②興味のあることをみんなでトランプにして活用することをおすすめする。

教科	活動内容	活動単位	作成
学活 / 総合 / 特活 / 道徳 / 国語	作成 / 使用	学級 / グループ / 個人 / 交流	手書き / パソコン

1 学級づくり

2学期の目標トランプ

●坂本千代

1 本実践のねらいとよさ

- 学級の目標を話し合い，まとめることができる。
- 目標と目標を守る具体的な方法をトランプにまとめ上げ，常に学級の目標を意識することができる。

　ゲームの道具であるトランプに，学級の目標と目標を守るための具体的な方法を書き込むことで，目標を身近なものとして日常的に意識しやすくできる。また，目標達成への具体的な方法が書かれたトランプをして遊ぶことを通じて，2学期の目標を思い出し，意識することができる。

　学期末に，振り返りをするときも，トランプを使うと日常的に見ているものなので抵抗感が少なく，振り返りがしやすい。そのうえで，目標のなかからよくできたことを書いたトランプを作成すると，自信をもたせることができる。

2 本実践の全体計画と考え方　全5時間

	単元名	授業内容	領域
1次	2学期の学級の目標を決めよう―「2学期がんばろうトランプ」を作ろう ★P.20	・学級の目標を決める。 ・目標を達成するための具体的な方法を考える。 ・決まった方法をトランプに書く。	学活(3時間)
2次	「2学期がんばろうトランプ」で遊ぼう	・作った「2学期がんばろうトランプ」を使って遊ぶ。	学活(1時間)
3次	2学期を振り返ろう	・トランプに書いたことが守れたか振り返り，よくできたことを「2学期がんばったねトランプ」に書く。	学活(1時間)

2学期の学級の目標を決めよう
―「2学期がんばろうトランプ」を作ろう

第一次　二時間　学活　1年生

2学期がんばろうトランプ

2学期がんばったねトランプ

2学期がんばったねトランプ（保護者編）

■ 本時のねらい

2学期の学級の目標を話し合い，目標を達成するための具体的な方法も考えることができる。

■ 実践の様子

本時は2時間続きで取り組んだ。トランプの4種類のスート別に目標を分け，それぞれについて具体策が書けるよう，目標は4つ程度にする方向で話し合いを進めたが，まとめるのに苦労するほど，たくさんの意見が出た。

最終的に，「きもちよい2がっき」「がんばる2がっき」「なかよしの2がっき」「うれしいたのしいおもしろい2がっき」という4つの目標になった。それぞれの具体策を考えるときに，目標を選ぶ段階で出た意見が生かされる場面もあった。

■ 子どもたちの変容

1学期は無我夢中で日々を過ごしていたが，2学期は学校生活にも慣れて友達も増え，落ち着いてきていた。そのような状況のところに，目標を明確に定めたことで，目標を意識しつつ多少の見通しを持ち，声をかけ合って，生活することができた。

	学習活動と子どもの様子	ポイントと留意点
導入	(1) 2学期の目標を決め，決めた目標をトランプに書いて，学級で1組のトランプを作ることを知る。【1時間目】 ・「どんな目標にしようかな」 ・「作ったトランプを使って，早くトランプをしたいな」	・「この学級だけのトランプを作るって楽しそうだね」「それが，毎日の生活に役立つものだったら，もっと便利だね」と話し，気持ちを盛り上げる。
展開	(2) 2学期の学級の目標を全体で話し合う。 ①思いつく目標を発表する。 ・「楽しい2学期にしたいな」 ・「みんなと仲よくできる2学期にしたい」 ・「漢字の勉強をがんばる2学期にしたいです」 ・「2学期は給食が全部食べられるようにしたい」 ・「初めての学芸会をがんばる2学期にしたい」 ・「けんかをしないことをがんばりたいな」 ②発表された意見をまとめて，2学期の学級の目標を決める。 「トランプには4つのマークがあります。目標も4つか2つになると，マーク別に書けるから，わかりやすくなりますね。いま出た意見が，4つか2つにまとまるかなあ。考えてみてください」 ・きもちよい2学期：クラブ ・がんばる2学期：ハート ・なかよしの2学期：ダイヤ ・うれしいたのしいおもしろい2学期：スペード	・初めは，素直な意見をどんどん発表させながら，みんなでよりよい2学期にしたいという気持ちを高めさせる。 ・いくつかにまとめていくときに，トランプのスート別に具体策が書けるように，目標は4つ程度になる方向で，話し合いを進める。
	(3) それぞれの目標を守るための具体的な方法を考える。【2時間目】 ・「がんばる2学期にするために，一番がんばりたいのは，算数の計算です」「学芸会をがんばるために，音読練習をいっぱいしたい」 ・「けんかをとめたら，仲よしの2学期になる」 ・「毎日学校に来たら，気持ちよい2学期になるよ」	・1つのスートに13枚カードがあるので，1つの目標について13の具体策を考え，ワークシートに記入し，発表させる。
まとめ	(4) 本時のまとめをし，次時に，出された具体的な方法をトランプに書く作業をする。 「次回は今日出してもらった意見をトランプに書き込んで，みんなだけのトランプを作ります」	・多くの具体策が発表でき，よい話し合いができたことをほめ，意欲を持続させる。

実践の結果

1　授業中の様子

　1年生は，なにごとにも挑戦する気持ちにあふれているが，それぞれのスート13枚のトランプに収まらないほどたくさんの具体策が出された。2時間のなかで，目標を決め，具体策の意見をまとめるのがむずかしいくらいだった。個人の意見の発表はできなかったが，キラリと光る意見をワークシートに書いている子もいて，ワークシートでまとめる作業をしたことは重要だった。

2　子どもたちの変容と振り返り

　実践後は，トランプを雨の日の室内遊びの道具として活用した。2年生と生活科見学をしたあとに，1年生の教室に誘って，「私たちが作ったトランプで遊ぼう」という姿もみられた。晴天が続くと，トランプを使う日が減るため，トランプを「今日の目標」を決めるくじのように使ったりして，トランプが非日常のものにならないように工夫した。

　このような繰り返しから，子どもたちの生活に「創作トランプ」が定着し，「また作りたい」という気持ちが生まれた。何よりの成果は，最初はトランプで遊ぶときに，必ずといってよいほどもめごとが起こっていたのが，12月くらいになると，回数を重ねるごとに，ルールが守れるようになったり，ゲームをスムーズに進められるようになったりして，もめずにできるようになったことである。

3　実践を終えて

　トランプが子どもたちに定着したことと子どもたちから「またトランプが作りたい」という声が出たことを生かし，「3次・2学期を振り返ろう」をトランプを使って行うことに発展し，「2学期がんばったねトランプ」を作った。

　また，2学期末の保護者会で，保護者に「子どもたちが2学期によくがんばったなあ」と思うことをトランプに書いてもらえるよう頼み，「2学期がんばったねトランプ」（保護者編）を作った。欠席した保護者から，「メッセージを書きたい」との申し出もあり，最終的に3組のトランプができ，これらも雨の日に遊ぶトランプに加えた。自分たちへのほめ言葉が書かれたトランプを使って，はにかんだ様子で遊ぶ子どもたちの満足気な表情が，とても印象的だった。

教科	活動内容	活動単位	作成
学活／総合／特活／道徳／国語	作成／**使用**	学級／**グループ**／個人／交流	手書き／パソコン

2 心が元気になるトランプ

学級づくり

●松田憲子

1 本実践のねらいとよさ

・学級の人間関係への緊張感をほぐす。
・友達について知り，相手への理解を深める。
・ほかの人の考えを受容的に聞く力を身につける。

　トランプのよさに，少人数でゲームを楽しみながら人間関係がつくることができる点がある。新しい学級になり，互いの緊張がとけきれない時期に，そのよさを生かした実践を行った。雰囲気が和んだところで，心が元気になるメッセージについて語るので，あたたかい雰囲気のなかで行うことができる。それによって「自分と同じだ」「選んだメッセージは違うけれど，その考えはよくわかる」と友達について新たに発見したり共感したりすることができる。

2 本実践の全体計画と考え方　全2時間

　本実践は2時間続きで取り組んだ。まだ互いに慣れない時期に行うため，長めにゲームの時間をとってグループの雰囲気を和やかにし，何でも言い合える安心感を持たせるためである。

　どんなゲームにするかの相談に始まり，ゲームのなかでおしゃべりするうちに互いのお名前を呼び合うことも増える。名前を呼び合うことは互いの距離感を縮めることにつながる。互いの話を受け入れる素地をつくったところで，メッセージについて語り合う。安心して自分の考えを話しやすくすると同時に，友達についてもその話を受容的に受け入れやすくした。

	単元名	授業内容	領域
1次	トランプで遊ぼう ★P.24	・グループごとに，トランプでさまざまなゲームをして遊ぶ。 ・トランプに書かれた言葉のなかから，気に入ったものを選び，グループのメンバーと互いに紹介し合う。 ・心に残った意見を全体の場で発表する。	学活（2時間）

トランプで遊ぼう

第一次 / 二時間 / 学活 / 6年生

■ 本時のねらい

　　ゲームを通して，親近感を深める。また，互いに心に残ったメッセージを語り合うことで，他者理解を促進するとともに，自己開示のよさを味わう。

■ 実践の様子

　　まず，教師が配った「心が元気になるトランプ」で遊ぶように指示したので，子どもたちは何のゲームをするかを相談するところから始めた。やや緊張気味の子もいたが，どんなゲームで遊ぶか，また，同じゲームでも知っているルールが少しずつ違うのでどんなルールにするか，教え合ったり確かめ合ったりするうちに，どんどん表情が和らいできた。初めはメッセージはあまり気にする様子もなく，ゲームに熱中していた。

　　十分遊んだあと，メッセージについて考えた。初めは，「そうそう，そうだよね」などと，共感の声をあげてにぎやかに読んでいたが，印象に残ったトランプを選び，選んだ理由を書く段階では真剣に考え始めた。グループの話し合いでは「僕もそれいいと思った」と女子が選んだものに男子が共感したり，「そんなふうに思うんだね」と互いの意外な一面を発見する様子も見られた。

	学習活動と子どもの様子	ポイントと留意点
導入	(1)本時の活動内容を知る。 「これから『心が元気になるトランプ』を配ります。このトランプには，心が元気になるメッセージが書いてあります。今日はこのトランプで授業をします」 ・「授業でトランプをするなんて初めてだ」 ・「このごろやってないけど，できるかなぁ」 ・喜ぶ子どもと心配そうな子どもの両方が見られた。	・トランプを配布する。メッセージ付きのトランプであることは紹介しておく。
展開	(2)グループになって，トランプで遊ぶ。 「それでは，遊んでみましょう。まず，どのゲームをするか相談して，あがったゲームを黒板に書いてください」 「ルールを知らない人には，教えてください。同じゲームでも知っているルールが違うことがあります。始める前に確かめてみましょう」 「ゲームは，○分までです」 ・ルールがわからない子に「大富豪」など，さまざまなゲームを教え合う姿が見られた。 (3)カードのメッセージを読み，自分が一番元気になる言葉を選び，選んだ理由とあわせてワークシートに書き，グループの中で紹介し合う。 どんまい！次があるさ。そしてその次も。 ・「やる気がわいてくるし，はげまされてるようで，気持ちが強くなった」 今日は，うだうだしてみませんか？ ・「元気になって！というやさしさが感じられた」	・黒板に各グループが遊んだゲームと，そのゲームで1位になった子の名前を書く。それを見せて発想を広げ，ゲームを盛り上げた。 ・雰囲気が和らぎ，話し合いで自己開示しやすくなるよう，ゲームは30〜40分程度時間をとる。 ・互いに話し合える雰囲気になったら，メッセージに着目させる。 ・書くことで，自分の意見を考えさせる。 ・聞き合うときは，その子が意見が言い終わるまで聞くように留意させる。
まとめ	(4)トランプをしての感想や，メッセージについて，心に残った友達の意見を全体で発表し合う。 ・「これまで話せなかった人とも話せた。元気になる言葉は違ったけど，友達の考えを知って楽しかった。友達のよいところも見つけられた」 ・「ゲームを始めたときは，照れたり恥ずかしがったりする人もいたけど，だんだん楽しくなってきて笑いながらできたのがよかった。トランプは，みんなをつないで仲よくすると思う」	・楽しかった点や，友達について「なるほど」と思ったり，新たに発見したりしたことを取り上げる。

第2章　トランプを活用する！　創作トランプ導入編

実践の記録

1 授業中の様子

　授業は終始にぎやかだった。「いつの間にかみんな笑顔になっていて，みんなと少し仲よくなれた気持ちがした」という感想が出たように，学期始めでまだうまく人間関係が作れない時期に，トランプを通して緊張がとけていった。

　また，いつもはおとなしい子が勝ってグループの友達にほめられ，とてもうれしそうな笑顔になる様子が見られた。なかなか自分を出せない子もゲームを通すことで楽に話せたようである。ゲームで親近感が増したところでグループの話し合いをもったため，しっかり相手を見ながら聞き合うことができた。

　自分が一番元気になるカードを発表し合うという，高学年ではやや気恥ずかしさの伴う話し合いだったが，うなずいたり相づちを打ったりするなど共感し合う様子が見られた。さらに相手に対して「それもいいよね」「そうかぁ，そういう考え方もあるよね」という言葉が自然に出てきたのも，事前にゲームを通して関係ができていたからであろう。

2 子どもたちの変容と振り返り

　この活動後，グループのなかの緊張がとけてきて，会話が増えた。特に名前を呼び合うことに抵抗がなくなったのは，学級全体によい影響を与えた。

　またその後，学級にトランプを置いておいたので，休み時間にも誘い合ってトランプをする姿が見られた。一緒にゲームをしたり，それを取り囲んで見たりすることで互いの人間関係が近づいていった。

3 発展的な実践

　実践後に総合的な学習の時間で，6年生が1年生に向けて自分たちの学校のよいところをそれぞれ工夫して教える活動を行った。そのなかで，このトランプのように，学校のよいところをメッセージにしたトランプを作ったグループもあった。「みんなの笑顔がいっぱいだよ」「たくさんの遊具で楽しく遊べるよ」など，自分たちが考えた54枚のメッセージを載せて，学校のよいところを書いたトランプを作り，1年生にプレゼントし喜ばれた。

　ゲームの楽しさとともに，メッセージを伝えることができる方法の一つとして，子どもたちがトランプを活用するようになった。

保健室での活用法
―ストレスマネジメントとしての活用

●本島亜矢子

1 本実践のねらいとよさ

> ・子どもが自分の気持ちに向き合ったり，元気をもらったりできる。
> ・保健室を利用する子どもたちとの関係づくりを助ける。

　トランプはゲームの道具であり，複数での遊びに用いるイメージが強いが，カード占いなどゲーム以外の活用法もある。ゲームをせずにカードを読ませ，「心が元気になるトランプ」のメッセージ性を生かした。

2 「心が元気になるトランプ」の作成と本実践

　本トランプは，子どもが日常よく出会う「元気が出ない」場面を4つ想定して作成した。4つの場面を決めるにあたっては，子どもが日常生活で経験するストレスについての調査研究等を参考にするとともに，創作トランプ研究会（現・教材開発研究会）のメンバーが子どもとかかわるなかで感じていること，「こういうとき，子どもは元気がない，励ましてあげたくなる」という現場の感覚を大事にした。スペード「テストが悪かったとき」，ダイヤ「何となく元気が出ないとき」，クラブ「友達とけんかしたとき」，ハート「家の人にしかられたとき」の4つの場面を決め，そのようなときに「言ってもらうと元気が出そうな言葉」を数多く集め，そこから選択した。

　保健室登校の子どもや悩みを抱えて来室する子どもは集団で遊べる心境にはないことが多い。保健室に来室する「いまは少し元気がない」子どもたちにこそ「心が元気になるトランプ」をゆっくり見てもらいたいと考えて実施した。

2 本実践の進め方

　保健室登校の子どもや，元気のない子どもを対象としているため，特に決まった進め方はないが，状況に応じて，以下のように進めている。

①休み時間などに来室し，何となく室内にいる子どもや保健室登校の子どもにトランプを渡す。「ちょっと変わったトランプがあるよ」などと言葉を添える。カードを読むことを強制しない言葉かけがよい。

②メッセージに興味を持つと，1枚1枚読み始める。「感想を教えてくれる？」「い

まの自分のにあったものはある？」等，カードをきっかけに会話をする。

3 子どもの反応とその対応

(1)カードを読んで，そこに書かれたメッセージに感想や自分の意見を言う子がいる。「わからないところを聞きに来てくれると，すごくうれしいんだな。(先生より)」というカードを見て，「こういう先生いいよねえ。こういう先生なら勇気出してわからないところを聞きに行くのになあ」という具合である。これをきっかけに学習について話ができる。その子がほかに話したいことを抱えていても，続けてスムーズに話ができる場合が多い。子どもも会話のきっかけづくりができて話しやすくなる。

(2)気に入ったカードを選ぶ子もいる。10数枚を選択する子が多いが，その子によって「テストが悪かったとき」から5枚，「何となく元気が出ないとき」から6枚と，ある場面に集中することが多い。子ども自身が，あるスートの枚数が多いことで「自分がいま気にしていること」に気づくことがある。また，選んだカードについて話すうちに，その子の気持ちをくみ取れる場合がある。会話が進み関係づくりに役立つ。子どもの様子を見にきた担任に見せれば，担任と子どももそのカードを介して会話ができる。

(3)自分でも作りたいと，白紙のカードに好きな言葉を書き込む子もいる。そのカードについて，「こういう言葉が好きなんだね」など，会話を進められる。
このトランプを介した子どもとのかかわりや会話を通して，
①子どもとの関係づくりをすすめられる。(きっかけ・話題提供・話題の共有)
②子どもが選んだカードから，漠然とだが「その子がいま気にしていること」や「いまの気分」を感じ取ることができ，子ども理解の一助にできる。
③保健室を多く利用する子どもについて，担任をはじめその子にかかわる教師と，その子についての共通理解をはかる際に活用することができる。

4 本実践の留意点

保健室を利用する子どもたちのほとんどに受け入れてもらえるが，言葉によるメッセージに興味がない子，すぐに相談したいことがあり言語化できる子，来室した目的が明らかでその用件を先に済ませる必要がある子には無理に使わないほうがよい。子どもの状態に応じた活用をする。また，そのときの気分で選択するカードは違う。子どもの状態の変化としてとらえる使い方も可能だろう。ただし，あくまでも，子ども理解の参考・補助にとどめる。

教科				活動内容		活動単位			作成	
学活	総合	特活	道徳	国語	作成	使用	学級	グループ	個人	交流	手書き	パソコン

3 家族川柳トランプ

人間関係づくり

●森　美香

1　本実践のねらいとよさ

・自分と家族のつながりやその思いについて考え，表現することができる。

　本実践は短歌や俳句の限られた文字数の中で，家族への思いを素直に表現することを目標とした。

　家族川柳を作る準備段階として材料探しを行い，自分と家族のつながりについて考えることができる。また，できあがった友達や保護者の作品を見合うことはさまざまな思いにふれるチャンスである。思春期の入り口に立ち，心も体も成長過程にある6年生が，ふだん素直に言えない心のうちを表現したり，聞いたりすることで自分や家族に対する思いに気づき，深めることができる。

2　本実践の全体計画と考え方　全4時間

　道徳では家族愛の価値項目4-(5)に基づいて学習を進め，自分や家族について考える。次に「言葉のひびきを味わおう—短歌と俳句の世界—」の単元において，川柳の成り立ちやきまりなどを学んだうえで家族川柳に取り組む。その際，事前に道徳の学習で家族について考えたときに生まれた言葉や気持ちをキーワードとして，国語で学習した短歌や俳句で表現する。

　なお，2次の1時間目の授業後に，「そのほかの作品を読み合いたい」という子どもたちの気持ちがうかがえたので，さらに1時間とった。

	単元名	授業内容	領域
1次	家族とは…？	・単語連想法を用いて，家族についてのイメージを広げる。	道徳（1時間）
2次	言葉のひびきを味わおう —短歌と俳句の世界— ★P.30	・短歌と俳句について学び，先人のよい作品を味わうと共に作品作りをする。 ・互いに作ったトランプの内容を見て感想を出し，新しく川柳を作る。	国語（2時間）
3次	トランプ作り	・自分の作品を選び，トランプを作る。	特活（1時間）

授業参観で家族川柳作り！
―言葉のひびきを味わおう

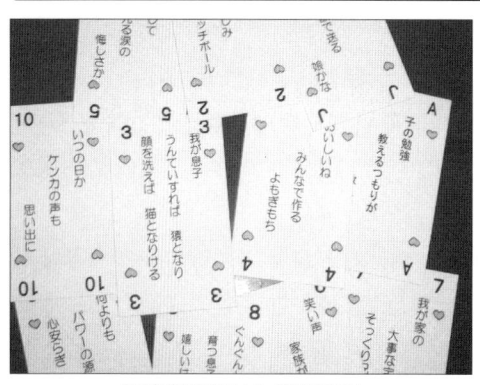
保護者が書いた家族川柳

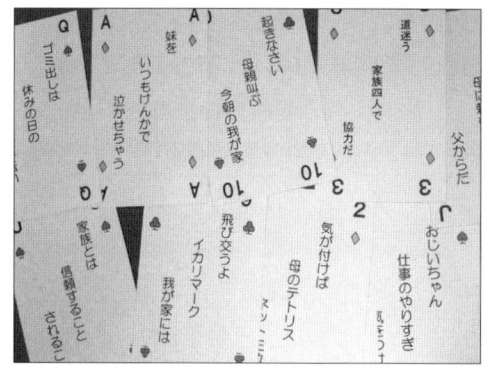
子どもが書いた家族川柳

■ 本時のねらい

　　五音と七音を組み合わせ，短歌や俳句で自分の家族へ思いを表現したり，作品を読んでそのよさを味わったりすることができる。

■ 実践の様子

　　本時は授業参観で行ったのでふだんよりも緊張し，張りつめた雰囲気で始まった。しかし事前に家族にかかわる言葉やいままでの思い出などをまとめていたこと，あらかじめ家族川柳を作るという学習内容を子どもたちと保護者に伝えていたこともあり，時間が経つごとに子どもたちは作品作りに集中し，意欲的に取り組めた。作品にはペンネームで書いたので，悩みながらも素直な気持ちを表現することができ，最終的に1人2～3編ほど作れた。

　　さらに同時進行で後ろから参観している保護者にも自由に書いてもらえるような場を用意したところ，予想以上に多くの方が協力してくれた。

■ 子どもたちの変容

　　本時では作品作りに時間が多くかかってしまい，子どもたちや保護者の作品をたくさん紹介することができなかった。しかし，授業後に子どもたちから「もっと川柳をつくってみたい」「お母さんやお父さんの作品をもっと聞きたい」という声が聞かれ，家族川柳作りへの意欲の高まりが感じられた。

	学習活動と子どもの様子	ポイントと留意点
事前	(1)授業参観で家族川柳を作ることを知る。 ・事前に川柳作りについて話しておく。 ・「えー！」「どうしよう……」などの声が聞かれた。	・保護者にも，授業に参加・協力してもらうため，プリントなどで事前に知らせておく。
導入	(2)短歌と俳句の成り立ちについて理解する。 (3)本時の目標を知る。 　「今日の目標は，『短歌や俳句で自分の思いを表現してみよう』です」 (4)参考作品を聞く（伊藤園「お〜い お茶」大賞作品）。 ・ペットボトルを実際に見せながら紹介する。 ・子どもたちからは「知ってるよ！」「見たことあるよ」などと声がかかった。	・基本的な成り立ちや，今回は季語を使わなくてもよいことを伝える。 ・家族に関するもの，兄弟や祖父に対する思いを表現した川柳を特に選んで紹介する。
展開	(4)用意した資料（前時の授業で「家族」について連想したキーワードを1枚のプリントにまとめておく）をもとに家族川柳を作る。 (5)保護者にもワークシートを用意し，子どもたちと一緒に作品作りにチャレンジしてもらう。 ・保護者には事前に今日の活動内容を知らせてあったので，大変協力的に参加してくれ，30以上の作品が集まった。 (6)グループ内で互いの作品を見合う。 ・多くの子どもたちは作品を複数仕上げていたので互いにたくさんの作品を見合うことができた。	・迷っている子には資料を見て，川柳に入れられそうな言葉を一緒に選びながらアドバイスする。 ・子どもも保護者も，記名すると個人が特定され，本音が書きにくいのでペンネームを用いてよいことにする。 ・作品のよいところを伝え合うように促す。
まとめ	(7)作品を発表し合い，感想を述べ合う。 ・「『うれしい』とか『悲しい』とか，直接書いていない作品は1回読んだだけじゃわからないけど，何回も読むと深い思いが伝わっていいなと思った」 ・「お母さんたちがみんなうまくて驚いた」 ・「みんな家族を大切にしているな，と思いました」 ・「いつものことを言っているのに何だかホワーンとした」	・子どもの作品はグループ内の代表者の作品を発表する。 ・保護者の作品は箱に入れ，ランダムに引いたものを子どもに発表してもらう。

実践の結果

1　その後の授業の様子

　授業後，子どもたちと保護者の作品を順番にすべて読み合った。その際，保護者がていねいに書いてくれた手書きのワークシートを子どもたちに見せた。教師が読み上げるより，直接読んだ方が保護者の愛情が感じられると考えたからである。また，子どもたちの川柳には家族への感謝の気持ちや願い，いつもけんかばかりの兄弟姉妹への思いなどなかなか口にはしづらい言葉があり，その気持ちが伝わってくる作品となった。そこから共感できる作品を読み合い，さらに新しい作品作りにチャレンジした。

　そして自分が作った作品の中で最も気に入ったもの（自分の思いが表現できたもの）を1つ選び，トランプにまとめた。本実践の学級は38名なので担任の作品も合わせて，3つのスートのトランプは完成。さらに保護者の思いが込められた作品は13作品を子どもが選び，ハートのトランプに記した。

2　子どもたちの変容と振り返り

　授業前，「授業参観で家族川柳を作る」と言うと，「えー⁉」と言われてしまった。子どもたちは家族について作品作りをすることに気恥ずかしさとむずかしさを感じたようだ。事前の様子を考えると不安があり慎重な滑り出しとなったが，子どもたちは意欲的に取り組むことができた。

　授業後，もう1時間川柳を作りたいという様子は，家族からの作品を読むことで家族の思いをもっと知りたい，もっと深く受けとめたいという意志の表れと感じた。その後，子どもたちが作った作品を見ると家族へのあたたかい気持ちが感じられるものが多かった。

3　実践を終えて

　思春期を迎えた子どもたちは，素直な気持ちを正直に表現しづらい時期にさしかかっている。しかし，作品を見るとどの子からも家族への愛情を読み取ることができた。家族の支えをうけて将来の希望に向けて頑張っている様子，手伝いの様子や家族とのやりとりなどが川柳に表現されていた。作品からいまの考えや状況などがわかり，子ども理解にも役立つ貴重な時間であった。

　※家族を題材にした本実践では，子どもたちの家庭環境をよく把握したうえで十分留意して実践していただきたい。

教科				活動内容		活動単位			作成	
学活	総合	特活	道徳	国語	作成	使用	学級	グループ	個人	交流	手書き	パソコン

道徳・ソーシャルスキル

あたりまえだけど大切なことトランプ

●松田憲子

1　本実践のねらいとよさ

- 集団生活におけるマナーやルールについて具体的に考える。
- １年生に教える過程を通じて自分自身の行動を振り返り，６年生としての自覚を育む。

　ふだん忘れがちな集団生活におけるマナーやルール，学校のなかの「あたりまえだけど大切なこと」を考え，１年生に教えるためにまとめる過程で，よりよい学校生活を送るために，必要なことや大切なことはどんなことかを考えることができる。交流会を持ち，１年生と遊びながら言葉にして伝えることで，下級生の手本になろうという気持ちを強めることができる。

2　本実践の全体計画と考え方　全７時間

　道徳を導入に，単元全体の動機づけを図った。学校の中で大切なルールやマナーはどんなものがあるか，グループで生活や校内の様子を振り返り考えた。廊下や階段の歩き方などの安全面，友達との関係，特別教室の使い方などさまざまな面のルールやマナーを考え，整理して54枚のトランプを作った。

　できたトランプを使って１年生と交流会をした。一緒にゲームすることでふれあいながら，１年生にメッセージを伝えトランプをプレゼントした。単元の終盤では，自分たちが考えたメッセージから，よりよい学校をめざすためにどうするかをあらためて振り返った。

	単元名	授業内容	領域
１次	あたりまえだけど大切なこと in かすみ　★P.34	マナー等の大切さに気づき，互いに気持ちよく過ごそうという気持ちを持つ。	道徳（１時間）
２次	１年生にトランプを作って教えよう	校内の様子から１年生に教えたい大切なことを考え，トランプを作る。	総合（４時間）
３次	１年生とトランプで遊ぼう	できたトランプを使って，グループごとに１年生と遊ぶ。	総合（１時間）
４次	大切なことってどんなことだろう	学習を振り返り，よりよい学校をめざして行こうという気持ちを持つ。	総合（１時間）

あたりまえだけど大切なこと in かすみ

第一次 ♥ / 一時間 ♠ / 道徳 ♦ / 6年生 ♣

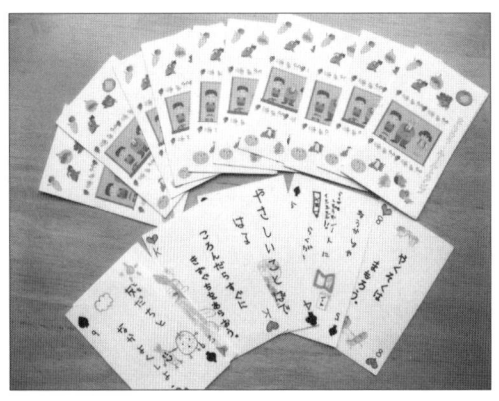
あたりまえだけど大切なことトランプ

トランプをする子どもたち

■ 本時のねらい

　　マナーやルールの大切さに気づき，自分の学校の「あたりまえだけど大切なこと」を考えることにより，お互いが気持ちよく過ごせるようにしていこうとする気持ちをもつ。

■ 実践の様子

　　自作資料の，マナーを知らない1年生が困った様子から身の回りのルールやマナーについて考えさせたが，子どもたちは1年生というより，自分たちの日常を振り返って考えていた。また，授業の直前に行われた縦割り遠足で，1年生から6年生へのお礼のビデオをあらかじめ収録しておいた。それには，危ないことを注意されたことに対してのお礼もあり，自分たちが縦割り班のリーダーであり，最高学年であることを自覚した様子だった。

■ 子どもたちの変容

　　子どもたちがこの時間の中で考えたルールやマナーは，身近なものであった。しかし，いつもはそれを受動的に受けとめているのに対し，本時では1年生に教えるという能動的な立場から改めて考えることで，それらのマナーやルールの意味までも深く考えることができた。

	学習活動と子どもの様子	ポイントと留意点
導入	(1)全校縦割り遠足を思い起こす。 ・「1年生が元気がよすぎて大変だった」 ・「1年生は僕たちを困らせようとしているわけじゃないけど，大変だった」	・6年生と1年生の思いのずれから，ルールやマナーをわからない1年生がいることに気づかせる。
展開	(2)『6年生は昇降口で靴の泥を落としたのに，1年生のこうた君は落とさなかったために，友達の靴下を汚してしまい，悲しくなった』という資料から考える。 ・「6年生はそのまま昇降口に入ると迷惑になるってわかってたけど，こうた君はわからなかった」 ・「自分のせいで友達に迷惑をかけて悲しい」 ・「6年生のまねをすればよかったなって思った」 (3)わからないことが多い1年生に教えるために，学校の中での大切なマナーやルールを考える。 ・あいさつをする。 ・時間を守る。 ・廊下は静かに歩く。 ・落ちているゴミは拾ってゴミ箱に入れよう。 (4)「あたりまえだけど大切なこと」とはどんなことか考える。 ・みんなに迷惑をかけないためのマナー。 ・いつもは気にしてないけれど，大事な目標。 ・相手への思いやりやさしさ。 (5)全校遠足で6年生に危ないことを注意されたことへのお礼のメッセージを聞く。 ・「注意して『よかった』って言ってもらえるとうれしい」 ・「6年生が教えることは大事なことなんだ」	・1人の不注意がいろいろな人の迷惑になってしまうことに気づかせる。 ・反省するこうたの気持ちに気づかせる。 ・1年生は知らないルールやマナーがあることに気づかせる。 ・まず個人で考え，それをグループで話し合い，3つに絞る。 ・各グループで話し合ったものは黒板に書き，全体で見て，それらのマナーやルールの意味を考えさせる。 ・メッセージは1年生が話している様子をあらかじめビデオで写しておく。
まとめ	(6)これまでの自分を振り返り，今日の学習を通して考えたことをまとめる。 ・「やってはいけないとわかっていてもやってしまう。でもそれを直せるように気をつけたい。ほかの人に迷惑をかけないようにしたい。1年生にとってお手本なんだと思ったから，6年生らしくがんばろうと思った」	・ルールやマナーは1年生だけでなく自分たちにも必要であることに気づかせ，1年生に教えると同時に自分たちも守っていこうという気持ちをもたせる。

実践の結果

1　授業中の様子

　道徳で単元の導入をしたあと，子どもたちはグループに分かれ，まずは，どんなルールやマナーを教えるかを考え始めた。グループで大体まとめたものを，一覧にしてみんなで見合った。

　子どもたちからは「人のものは，断ってから借りよう」「花壇の花は，取ってはいけない」「鉛筆やゴムは飛ばさない」「食べ物で遊ばないようにしよう」など，日常生活のさまざまな視点から考えたものが出された。それを見て，「相手を思いやる気持ちのものがたくさんあって，みんなが大事にしたいと思っていることがわかった」「自分もできていないものがあるし，1年生だけじゃなくて私たちもしっかりしなくちゃ」等の感想が子どもたちの口から出た。

　改めて自分たちのものを見直し，各グループで1組ずつ，54個のルールやマナーを選びトランプを作っていった。

2　本実践の成果と子どもたちの変容

　本実践は6年生になってやや落ち着いてきた5月末からの取組みである。ようやく最高学年としての自覚が芽生えてきた時期に，1年生に教えるという立場で考えることは，自分を振り返る意味で有効であったと考える。一連の活動のなかで，個々が考える「あたりまえだけど……」の思いが表れていた。

　単元全体の振り返りのなかで，「トランプに表した全てのことをこれから先ずっと守ることは難しいけれど，だから『大事な目標』として自分も心がけたい。トランプに書いたことは大切なことばかりだから，1年生にも役立ててほしい」という感想が出たように，子どもたちは1年生に伝えると同時に，自分が大切にしたいことは何なのかを確かめることができた。

3　実践を終えて

　1年生との交流会は大きな意味があった。「教室を出たら6年生」という自覚が強くなったのである。今回はグループでそれぞれ作ったが，それらを再度まとめ，大切にしたいことを学級全体でランキングして作ると，より自分たちが大切にしたいことが明確になるだろう。

教科				活動内容		活動単位			作成	
学活	総合	特活	道徳	国語	作成	使用	学級	グループ	個人	交流	手書き	パソコン

5 道徳・ソーシャルスキル
ソーシャルスキルトランプ

●川添幹貴

1　本実践のねらいとよさ

・ソーシャルスキルについて考え，スキルを習得・実行できる。
・人間関係をよりよくするためには何ができるかを考えることができる。

　ソーシャルスキルとは，人間関係を円滑に進めるためのスキルである。
　トランプにまとめるために話し合う過程で，何が人間関係にとって大切なことなのか考えることができるようになっていく。また，完成したトランプで遊びながら，ソーシャルスキルを再確認することができる。そのスキルは自分たちで考えたという愛着がわくので，子どもたちの心により深く残り，スキルの定着を促すことができる。

2　本実践の全体計画と考え方　全4時間

　本実践で中心となるのは，ソーシャルスキルについて考え，スキルを選ぶ2・3次である。また，意欲づけとして，1次に雨の日の過ごし方にトランプを提示した。4次では完成したという満足感を味わい，スキルの定着を図るために作ったトランプで遊ぶ時間を設けた。トランプで遊ぶことは，それだけで人間関係を円滑にする効果があり，親近感がわく。

	単元名	授業内容	領域
1次	雨の日の過ごし方 ―トランプで遊ぼう	・いろいろな種類のトランプで遊び，トランプを作りたいという意欲をもつ。	学活（1時間）
2次	ソーシャルスキルトランプを作ろう　★P.38	・ソーシャルスキルを考える。 ・加除修正しながら52のスキルに絞る。	道徳（2時間）
3次	ソーシャルスキルトランプで遊ぼう	・自分たちの作ったトランプで遊ぶ。	学活（1時間）

ソーシャルスキルトランプを作ろう

第二次 ♥ / 一時間 ♠ / 道徳 ♦ / 5年生 ♣

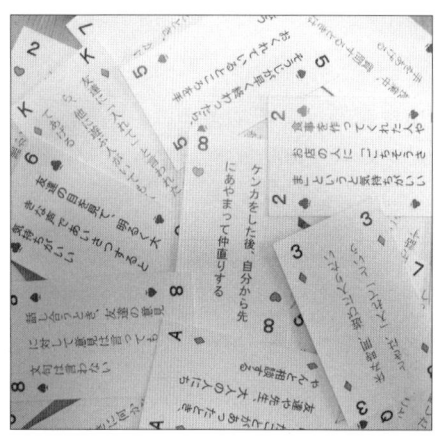

ソーシャルスキルトランプ

「七並べ」は読みながら出していった。

■ 本時のねらい

　　場面を想定しながらソーシャルスキルを考える。よりよい人間関係を築くためには何が大切なことなのかを考えることができるようにする。

■ 実践の様子

　　「授業中・大人や小さい子と接するとき・こうすると気持ちがいい」など、小見出しを書いたワークシートをグループごとに回し、ブレーンストーミング※をして自由に記述させた。ほかのグループの意見を見たり、いろんな場面を考えたりしながら、93もの意見を出すことができた。

■ 子どもたちの変容

　　「ごちそうさまという言葉がすごく大切に思えてきた」「自分には目を見て話すなどができてないこともあるなと思った」自分を見直し、人間関係をよりよくするために必要なことを考えることができたようだった。

※ブレーンストーミング……あるテーマについて、グループ内で多様な意見を出し合い、その後、似た意見をグループ分けしながら、1つにまとめていく手法のこと。互いの意見について否定や批判をせず、自由に意見を出し合う。出される意見の量が多いほどよい。

	学習活動と子どもの様子	ポイントと留意点
導入	(1)いろんなトランプがあったことを思い出す。 「前の時間にどんなトランプがあったか覚えていますか？」 ・「字の書いてあるトランプがあった」 (2)活動の内容を知る。 「みんなでソーシャルスキルトランプを作ります」 ・「ソーシャルスキルって何？」 (3)ソーシャルスキルについての説明を聞く。	・今回は自分たちでトランプを作ることを意識させる。 ・難しく考え過ぎずに「人間関係をよりよくするもの」として理解させる。
展開	(4)班ごとにブレーンストーミングをする。 「ワークシートごとにスキルを考えてみましょう」 ・こうすると気持ちがよい ・授業中 ・バスや電車などで ・けんかをしたとき ・給食のとき ・掃除のとき ・話し合ったり相談するとき ・大人や小さい子と接するとき ・困ったことがあったとき ・休み時間 ・イライラしたとき ・家族や親戚と接するとき ・何か頼んだり，断ったりするとき ・初めて会ったとき ・友達を誘うとき，誘われたとき	・スキルを考えやすいように具体的な場面を書いたワークシートをグループごとに回す。 ・今回は具体的な場面を書いたワークシートを用意しておいたが，子どもたちにどんな場面があるか考えさせてもよい。 ・今回は6グループで行ったため，同時に2～3枚のシートが1グループに回ることになったが，自由に話し合わせた。 ・5～6分経ったら，次のグループにシートを回す。
	(5)次時で，トランプに合わせ，52個のスキルに絞っていくことを知る。 「次回の授業で，今回みんなが出した意見をトランプにできるように52個に絞ります。どれも大切だけれども，似ているものはまとめて，人間関係に関するもの以外は消していきます」	・絞る視点として，「人間関係をよりよくするもの」という視点を与える。 ・次時までに子どもの意見を一覧にまとめ，出されたスキルに番号をつけておくと話し合いが進めやすい。

実践の結果

1　授業中の様子

　　子どもたちは遊ぶことが大好きである。そして変化があることも大好きである。いつも見慣れているトランプではなく，文字の書いてあるトランプがあればより興味をもって遊ぶことができる。ましてやそれが自分たちの作った内容のものであればなおさらである。

　　できあがったトランプで実際に遊んでみて，「ふつうのトランプとは違って文が書いてあるから面白かった」「自分で書いた言葉が中に入っているトランプで遊ぶと倍面白い」という感想が多く，夢中になって遊ぶ姿が見られた。

2　子どもたちの変容と振り返り

　　ソーシャルスキルトランプを作る過程で，「人間関係じゃないものは絞りやすいけど，似ているものを絞るときはどっちも大切なのでむずかしかったです」と一生懸命人間関係について考え，「人間関係がよくなるトランプなんてあまりないから作れてよかった」「なんかよい気持ちになってみんなと作れてよかった」「よい物がいっぱいでとても悩んだが，52に絞れてよかった」と充実感を味わうことができた子どもが多かった。

　　遊び方は「ババ抜き」「神経衰弱」「七並べ」などをしたが，「めくりながら文を読み上げる神経衰弱が，覚えやすくてよかった」という反応だった。

3　実践を終えて

　　感想に「自分たちで作って，自分たちで遊ぶなんてサイコーです」とあった。自分たちで作るということが子どもたちの意欲や喜びを大きくしている。学習内容を生かして「都道府県トランプ」「歴史人物トランプ」「名言トランプ」など発展させることができる。

■ 参考文献

小林正幸・相川充編『ソーシャルスキル教育で子どもが変わる　小学校』図書文化。ロン・クラーク『みんなのためのルールブック』草思社。「子どもなぜなぜトランプ」青少年野外教育財団。

第3章

子どものこころが育つ！
創作トランプ発展編

教科				活動内容		活動単位			作成	
学活	総合	特活	道徳	国語	作成	使用	学級	グループ	個人	交流	手書き	パソコン

学級づくり

1 運動会がんばろうトランプ

●坂本千代

1 本実践のねらいとよさ

・運動会の目標や作戦を書いたトランプの作成を通して，意欲的に運動会に取り組もうとする気持ちを高める。
・1年生との異学年間交流を通して，6年生としての責任を自覚する。

　本実践の実践校は，全学年3学級編成なので，運動会では学級ごとに縦割りでチームをつくり，競技を行っている。

　初めての運動会となる1年生は，このトランプを使うことで，運動会で守らなければいけないルールや縦割りのチームでの作戦が理解しやすくなる。6年生とトランプを使って交流することで，ルールや作戦を反すうするとともに，チームの一員であるという所属感も生まれる。

　6年生は，作戦を具体的に考え，話し合い，トランプに書く作業が，リーダーとしての役割を自覚できる。トランプの交流を通して，最後の運動会にかける6年生の思いをチームの一員にも伝えやすくなり，チームとしての結束を高めることができる。

2 本実践の全体計画と考え方　1年生全3時間・6年生全2時間

	単元名	授業内容	領域
1次	うんどうかいのもくひょうをきめよう（1年生）	・運動会の目標を考える。 ・トランプに書く。	学活（2時間）
	運動会の作戦を決めよう（6年生）	・運動会の全校種目の作戦や1年生に守ってほしいルールやがんばってほしいことを話し合い，トランプに書く。	学活（1時間）
2次	1年生と6年生でトランプ大会をしよう	・互いの手作りトランプを使って「七並べ」をして遊ぶことを通して，書かれた文字を確認し合い，運動会への意欲を高める。	学活（1時間）

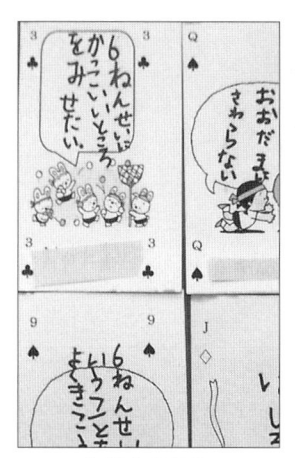

6年生の作品　　　　1年生の作品　　　　1年生と6年生のトランプ大会

3　授業中の様子

　1次の6年生からは，「1年生に伝えたいことがどんどんわいてきて，話し合いが盛り上がった」などの感想が出た。また，1年生が読みやすいようにと，全てひらがなで，いつも以上にていねいに文字を書いていた。

　2次は，1年生（4～5人ずつ）と6年生（3～4人ずつ）混合の8グループに分かれて，「七並べ」をした。6年生が常に1年生をリードし，ゲームもなごやかに進めることができた。

4　本実践の成果と課題

　1年生は，トランプ大会を通して6年生とさらに仲よくなり，運動会本番では上級生の競技や演技に最後まで関心をもち，応援を続けることができた。チームとして優勝することはできなかったが，互いに目標を守り，全力を出し切ったことを，1年生も6年生も認め合うことができた。

　またトランプ大会をしたいという声が，子どもたちからたくさんあがったが，残念ながら時間がとれなかった。

5　実践を終えて

　トランプには，書いた人の名前が書かれている。トランプの交流を通じて，一人一人の思いがわかり，さらにつながりが深まった。そして，1年生では，「6年生にお礼をしたい」という声があがり，「6年生ありがとうトランプ」を作成することになった。1年生と6年生の交流は，学年末の「6年生を送る会」のプレゼント作りまで続く。6年生にお世話になった1年間を振り返るときにも，この運動会のトランプは有効だった。

教　科	活動内容	活動単位	作　成
学活／総合／特活／道徳／国語	作成／使用	学級／グループ／個人／交流	手書き／パソコン

2 学級づくり
カッコイイ6年生になろう！トランプ

●野村幸能

1　本実践のねらいとよさ

> ・模範的な行動を"カッコイイ"とし，進んで下級生のお手本になる。

　6年生は学校のリーダーであり，下級生はその姿を見て育つ。思春期になると，いままでできていた模範的態度を恥ずかしいと感じ始める子どもも多いが，トランプにすることで，模範的行動をする抵抗感を低減し，規範意識を育てることができる。

2　本実践の全体計画と考え方　全5時間

　あたりまえの事は，わかっていても，恥ずかしさや照れが先に立ち，なかなか行動にうつせない。そこで具体的な場面を思い浮かべ，まとめさせた。

		授業内容	領域・時間
1次	カッコイイ6年生って，どんな人だろう	自分がカッコイイと思う行動や態度を書き出す。	道徳（1時間）
2次	お手本となる行動を選ぼう	学級で出た項目を自分・友達・学校に分け，特に自分が大切だと思う事を取捨選択する	道徳（2時間）
3次	トランプを作ろう	項目をトランプに書き込み，遊ぶ。	学活（2時間）

3　子どもたちの変容と振り返り

　子どもたち自身が上級生としての態度を思い浮かべ，取捨選択することで，いまの自分に足りないものやこうなりたいという目標をもてた。また，実践後，責任感が強まり，休み時間や清掃時間には，ルールを守り真剣に取り組んでいた。

4　授業後の発展

　友達の規範意識がわかるよう，数字の大きい順に，多数意見を並べた。トランプは教室に掲示し，折にふれ「最近はどうかな。カッコイイ6年生ですか。トランプを見て，めあてをしっかりもとう！」と思い出させる声かけをした。

教科	活動内容	活動単位	作成
学活／総合／特活／道徳／国語	作成／使用	学級／グループ／個人／交流	パソコン／手書き

3 お別れ卒業記念トランプ

人間関係づくり

●松田憲子

1　本実践のねらいと効果

　本実践は，卒業式を間近にひかえた時期に行った。互いの思い出を子どもたち自身の言葉で残そうとしたものである。この学級ではトランプが流行し，休み時間もよく遊んでいた。そこで学級の思い出を残すものとして作った。

2　本実践の全体計画と考え方　全2時間

　本実践は文章を子どもが考え，トランプの作成は担任がパソコンで行って，卒業式で一人一人にプレゼントとして渡した。よって1次では友達が自分のことをどう書いたかを内緒にした。1次と2次のメッセージをまとめ，担任からのメッセージも加えて1組のトランプにまとめた。

	単元名	授業内容	授業内容
1次	友達のよいところを教えよう	学級の友達1人について，その友達のよい面を書く。自分が書いてもらう人とは別の人に書き，全員分がそろうようにする。	学活（1時間）
2次	自分たちの学級を振り返ろう	グループで，自分たちの学級がどんな学級だったかを話し合って書く。	学活（1時間）

3　授業中の様子

　卒業間近だったので，トランプに書いた互いのメッセージは，これまでのことを感謝したり本音をつづったりしたものが多かった。グループの話し合いではさまざまな思い出が出され，「もうじき卒業」ということが強く意識されたようだった。

やんちゃなクラスだったけど，長縄とか，みんなで協力してがんばるときなんて，すてきなクラスーやるときはやるって思ったよ！（みんなから）

4　授業後の振り返り

　ジョーカーには学級の集合写真を用いた。卒業式，一人一人に手渡したあと，食い入るように1枚1枚読む子どもたちの姿があった。卒業後，何人かが集まると取り出したり，ときどき読んだりしているという連絡を，本実践を行った学級の子どもたちからもらうことがある。子どもと教師とお互いの思いが込められた，絆を深めるトランプとなった。

教科				活動内容		活動単位			作成	
学活	総合	特活	道徳	国語	作成	使用	学級	グループ	個人	交流	手書き	パソコン

4 人間関係づくり
友達ありがとうトランプ

●合田　実

1 本実践のねらいとよさ

> ・これまでの関係を振り返り，友達に感謝することができる。
> ・別の学級になっても友情を継続できる。

　本実践を行った学級では，年間を通してエンカウンターを行ってきた。そのまとめの位置づけとして，「友達ありがとうトランプ」を作り上げた。

　学年おさめの1か月はあっという間に過ぎてしまうので，学級の人間関係を振り返る余裕がない。「全員へのありがとうを2週間で探そう」という課題を与えることで，一人一人を見直す機会ができる。「いままでありがとう，5年生になってもよろしくね」という気持ちをこめて作ることで，来年度学級が分かれても人間関係を継続しようという気持ちを触発することができる。

2 本実践の全体計画と考え方　全4時間

　本実践は，学級全員（38人）一人一人への「ありがとう・うれしかったよ」を考え，それを最後のメッセージとして全員に渡すというものである。どんなに仲がよくても，学級全員へのメッセージを，全員の子どもが1, 2時間で考えるのは不可能である。そのため，実践2週間前から友達の様子をよく見ておき，メモしていくよう指示をした。

	単元名	授業内容	領域
1次	友達にありがとうを言おう（トランプ作り2週間前）	・トランプを作成することを知り，友達全員への「ありがとう」を探す。（2週間以内に完成させる）	道徳(1時間)
2次	トランプを作ろう	・一人一人へのメッセージを書く。	学活(2時間)
3次	トランプを見て，味わおう	・友達からもらったメッセージを見て，思ったことや感じたことを伝え合う。	道徳(1時間)

教師に向けて子どもたちが作ってくれた
「ありがとうトランプ」（一部抜粋）　→

調べ学習で
手伝ってくれて
ありがとう

お互いにトランプを渡し合った。

3　授業中の様子

　　1年間かけてエンカウンターを行っていたため，このような授業は子どもたちになじみがあり，喜んで取り組んでいた。早い子は実践開始の次の日には全員への「ありがとう」を書き上げた。「先生へも書きたい」と意見が出たのもうれしかった。特に女子は，こつこつとメモを書いていた。課題を与えたことで，学級の人間関係を振り返り，「よい1年間だった」と感じることができた。

4　子どもたちの変容と振り返り

　　トランプを作成し十分味わったあとに，子どもたちに「5年生になったら学級編成がえがある。それぞれがその学級をよくしようとがんばり，すばらしい学年をつくろう。そして，たくさんの思い出を胸に，最高の卒業式を迎えよう」と伝えた。落ち着いたあたたかい雰囲気で最後の1ヶ月を過ごすことができ，修了式後は，まるで卒業式後のような涙のお別れができた。

　　5年生になり，本実践を体験した子は3学級に分かれたが，学級が変わってしまった子とも，いまでも仲よく帰ったりしている。これは，ほかの学級だった子どもたちにはないことだ。本実践が及ぼした影響かもしれない。

5　実践を終えて

　　友達大好き，先生大好きの素直な子どもたちであることはいまも変わりないが，思春期の入り口でさまざまな人間関係で悩む様子が出てきた。今後たくさんのトラブルが出てくるであろうが，このトランプで学んだ自分のよさや，友達のよさを踏まえて，常に友達や集団のことを考えながら解決していけるよう，さまざまな方法で支援していきたい。

教科				活動内容		活動単位			作成	
学活	総合	特活	道徳	国語	作成	使用	学級	グループ	個人	交流	パソコン	手書き

5 人間関係づくり
卒業生思い出トランプ

●潤間和子

1 本実践のねらい

　5年生は，高学年としての自覚を高め，また周囲からもそれを期待され始める学年である。「自分を育て，ともに生きる」（文部科学省『心のノート』）ための土台として，よりよい関係の仲間づくりが望まれる。

　本実践では，トランプ作りを通して，6年生への感謝の気持ちや尊敬する気持ちを育て，来年は自分たちも学校のリーダーとして活動することが求められるのだと気づくことをねらいとしている。

2 この実践のよさ

　5年生は，6年生に委員会やクラブ活動・登下校等を通して大変世話になった。また，各種大会や学校行事の中で常にリードしてもらっていた。一人一人への思いを短冊に書いてこれまでの感謝の気持ちを表すことができる。

　また，トランプにまとめることで，6年生にとっても学年の思い出になり，ゲームでトランプを活用するで思い出をいつでも引き出すことができる。

3 本実践の全体計画と考え方　全4時間

　6年生への感謝の気持ちを七五調で短冊に書き，「6年生を送る会」や「卒業式」まで体育館に掲示する（P.49写真参照）。それをトランプにし，卒業していく6年生にプレゼントとして贈る。

	単元名	授業内容	領域・時間
1次	言葉を考えよう	・感謝の気持ちや尊敬する事柄を5・7・5の文字にする。	国語（2時間）
2次	トランプを作ろう	・取り込む写真を決める。 ・パソコンのワープロソフトを使い，言葉や写真を入力する。	総合（2時間）

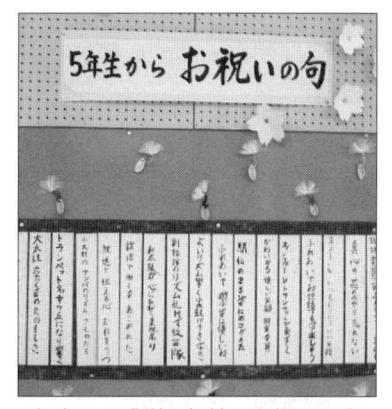

6年生への感謝の気持ちを短冊に書く。　　　　卒業生思い出トランプ

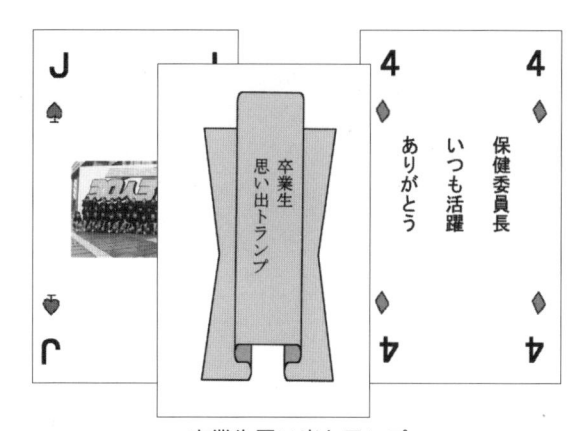

4　授業中の様子

　「○○さんのホームランかっこよかったね」など，6年生との思い出があふれて，話が盛り上がった。1年間を振り返ることで，子どもたちはあらためて6年生との関わりの深さを実感し，思い出をかみしめていた。また，5・7・5の文字の中によりよい表現を作り出そうと，お互いに推敲し合う場面もみられた。

5　子どもたちの変容と振り返り

　トランプ1組につき，名刺作成用紙6枚（1枚につきカード10枚）を使った。学級を6グループに分け，1グループ1枚を担当してパソコン入力から印刷までを行い，6年生全員に1組ずつ贈った。6年生の功績と感謝の気持ちを考えていくことで，最高学年に向けての心構えが一人一人の心に芽生え，個人への思いと全体への思いが両立している言動が見受けられるようになった。贈る言葉への意識の高まり，パソコン操作の技術向上も予想以上に大きかった。

　トランプには枚数制限があり，子どもの数と合わない場合どうするかが課題である。本実践では，思い出の写真を入れることで補った。

6　実践を終えて

　本実践は，「6年生を送る会・卒業式を成功させよう」（総合的な学習の時間）と「自分を育てよう―広い心をもって―」（学級活動）のどちらにもかかわる内容であり，よりよい集団づくりに有効であり，教育効果が大きかった。

　トランプという遊び道具に着目することで，子どもたちの興味関心も高まり，意欲的に活動できた。一つ一つの活動に意味を持たせ，なおかつ関連させていくために全体計画をしっかり立てる必要がある。

教科				活動内容		活動単位			作成	
学活	総合	特活	道徳	国語	作成	使用	学級	グループ	個人	交流	手書き	パソコン

6 人間関係づくり
親子でトランプ
―親の思い・子の思い

●吉田英明

1　本実践のねらいとよさ

・親子のコミュニケーションを深める。
・親の願いや思いを再確認し，自分の気持ちや疑問を親に伝えることができる。

　小学校高学年になると，コミュニケーションが不足しがちな家庭が増える。「勉強しなさい」「片づけなさい」など親は小言が多くなり，反抗期の子どもたちはそれをうるさく感じるようになる。また，面と向かって思いを伝え合う場も少なくなる。親（保護者）が考える「あたりまえだけど大切なこと」「わが子への願い」，子どもが抱く「なぜ勉強するの」「なぜ生まれてきたの」などの疑問や「あなたを支える親の言葉」などにスポットを当て，互いに感じていることを出し合い，協力してトランプを作ることで，お互いを知る機会にする。

2　本実践の全体計画と考え方　全6時間

　「家族を見つめ直そう」と「トランプを作ろう」の2部構成とした。
　1次は，親子の会話を導入に「家の人に言われて嫌な言葉」や「あなたを支える親の言葉（勇気づけてくれる言葉やほっとさせてくれる言葉）」を取り上げた。疑問やわが子への思いは自宅でインタビューさせ，「あたりまえだけど大切なこと」は学級懇談会や学級通信で募った。2次は，集まった言葉をいつも遊んでいる創作トランプのような形にしようと呼びかけ，まとめた。

	単元名	授業内容	領域
1次	家族を見つめ直そう	・「言われて嫌な言葉」や疑問を考える。 ・「あなたを支える親の言葉」を考える。 　宿題：親に疑問に答えてもらい，わが子への思いを書いてもらう。 ・調べてきたことを教師が読み上げ，家族の愛を見つめ直す。	学活（3時間）
2次	トランプを作ろう	一覧表にして，パソコンに入力する。	総合（2時間）
		トランプで遊ぶ。	総合（1時間）

カード例:

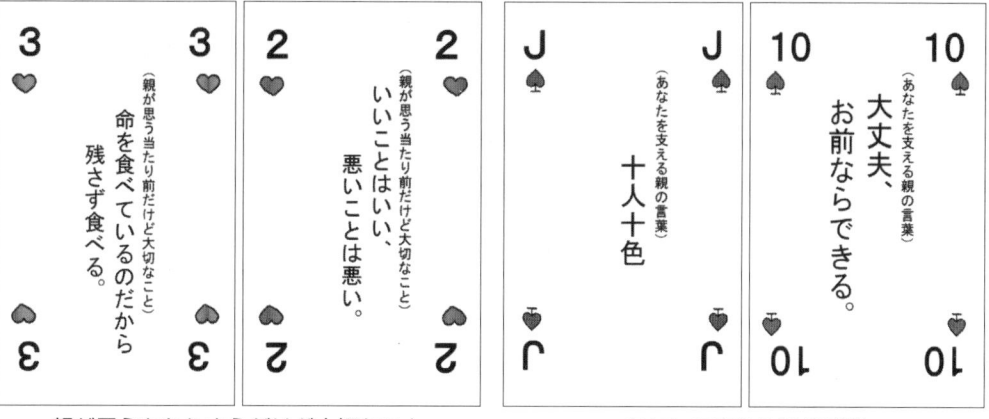

- 3♥（親が思う当たり前だけど大切なこと）命を食べているのだから残さず食べる。
- 2♥（親が思う当たり前だけど大切なこと）いいことはいい、悪いことは悪い。
- J♠（あなたを支える親の言葉）十人十色
- 10♠（あなたを支える親の言葉）大丈夫、お前ならできる。

親が思うあたりまえだけど大切なこと　　　　あなたを支える親の言葉

3　授業中の様子

　「顔を合わせるとすぐに勉強しなさい，片づけなさいと言われるから嫌だ」「私の家も同じだ」「どうして勉強しなきゃいけないんだろう？」「大人って偉いのかな？」など子どもたちは日頃から感じている不満や疑問を話し出した。その感じ方を認めながらも，いつも親に支えられ，愛されていることに気がつくように「あなたを支える親の言葉」や「わが子への思い」を取り上げた。「支えてくれる言葉」や「親の思い」を教室で読み上げると，教室はシーンとなった。しっとりとした形で授業を終えることができた。

4　子どもたちの変容と振り返り

　授業後の子どもたちの感想には，「勉強をする意味がわかった」「困ったときに父の言葉を思い出すと勇気がわいてくる」「父や母が自分のことを考えてくれているんだなと感じた」という気づきが見られた。
　最近反抗期にさしかかったAさんは親の思いを知り，「(けんかしていたけど)仲直りしようかな」とつぶやく姿が見られた。また，父親が厳しいことを不満に感じていたB君は，自分以外の友達も親に対して不満を感じていることや親の思いに気づいた。B君自身の気づきに加え，B君の父親も子どもの言い分に触れたことで互いに歩み寄れたようである。学校の生活では大きな変容はみられないが，ほんの少し心が成長したのではないだろうか。さらに「夢」を親子で語る機会を設けたら，よりコミュニケーションが高まると感じた。
　なお，家族がテーマとなるので実態に応じて慎重に実践していただきたい。

教科				活動内容		活動単位			作成	
学活	総合	特活	道徳	国語	作成	使用	学級	グループ	個人	交流	手書き	パソコン

7 教育相談・ストレスマネジメント
お悩み解決トランプ

●合田　実

1　本実践のねらいとよさ

> ・悩みを具体的にあげ，友達と考え合うことで，友達の大切さを実感し，助け合うことができる。
> ・悩んだときにどのように解決したらよいか，その解決方法を知る。

　いまの子どもたちは自分をさらけ出すことを嫌うので，なかなか友達に悩みを相談する機会を設けない。この実践をすることで，悩みを言うことは恥ずかしいことではなく，ときには友達関係を深めることもあるということに気づくことができる。

　本実践は「悩みを公開する」ことと，それに対して「真剣に考え合う」ということにもそれぞれ大きな意味がある。トランプに載せきれないものもあるので，考え合った結果として，解決法を掲示しておくとよい。その「解決法」をできるだけ多く目にし，試してみることで，友達のありがたさや集団のよさに気づくことができる。

2　本実践の全体計画　全3時間

	単元名	授業内容	領域・時間
1次	自分の悩みを考えてみよう	話を聞いて，みんなに相談してみたい悩みを書く。	道徳（1時間）
2次	友達の悩みを解決しよう	友達の悩み一覧に，みんなで解決法を考える。	道徳（1時間）
3次	「お悩み解決トランプ」を作ろう	「お悩み解決掲示物」にあるような短い言葉で，トランプに，すっきり回答を書いていく。	学活（1時間）

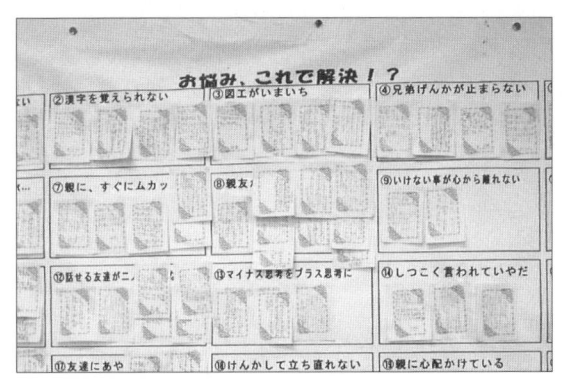

「悩みの解決法」掲示物。自分が答えられそうなところに、「答え」を貼って作った。

子どもが掲示物を作成している様子。次から次へ、われ先にと貼りに来ていた。

3　授業中の様子

　　悩みの解決法を探る場面では、「へぇ、こんなことに悩んでいる人もいるんだ」「大人みたいな悩みを持っている人もいるんだね」などというつぶやきが聞こえた。子どもたちは、真剣に友達の悩みに答えようとし、30の悩みに対して、120以上の答えを出すことができた。このような活動ではふざけることが多い男子も、意欲的に取り組んでいた。

4　子どもたちの変容と振り返り

　　子どもたちは思った以上に素直に「悩み」を書き、真剣に答えることができた。日常的な不満など低学年の発達段階に合った悩みから、いじめともとれるむずかしい悩みまで、相手の気持ちになって親身に答えることができた。その態度のすばらしさだけでも、実践した価値がある。子どもたちにもそれを伝え、紙面上でできたつながりを、実生活のなかで生かしていくよう促した。

　　今後の教育相談の場面でも、相談に来た子に作成したトランプを見せるなど、随時生かしていきたい。

5　実践を終えて

　　本実践は「トランプを作ろう」とスタートしたのではなく、結果的に「トランプにまとめてみよう」という形になった。このように、まとめのツールの一つとして、「トランプ」を使うという方法もある。とてもよい答えが多かったので、クラスに2組の「お悩み解決トランプ」を作った。学年の終わりに、どの程度役に立ったかを把握するのと同時に、これがきっかけで築かれた人間関係についても調べてみたい。

教　科	活動内容	活動単位	作　成
学 総 特 道 国 活 合 活 徳 語	作 使 成 用	学 グ 個 交 級 ル 人 流 　 ー 　 プ	手 パ 書 ソ き コ 　 ン

8 ストレス対処トランプ

教育相談・ストレスマネジメント

●本島亜矢子

1　本実践のねらいと考え方

　保健室には「頭が痛い」「お腹が痛い」など身体的症状,「やる気が出ない」「いらいらする」など精神的なもの,「友人関係のトラブル」「学習面での悩み」などさまざまな訴えをもつ子どもが来室する。彼らは「ストレス」という言葉をよく口にするが,具体的に何がストレスで,それに対してどう対処するのか,ということを知らない子が多い。そこで,ストレスとどうつきあうか,その方法を身につけさせることをねらった。

　子どもたちは日常生活で,さまざまなストレスを経験している（嶋田ら,2004）。ストレスが過剰になると,心身症などの身体症状になったり,落ち着かなかったり,物や人にあたったりするようになり,体や心に悪影響が生じる。しかし,ストレスは日常生活に必ずついてまわる。ストレスをなくすことはできないし,適度なストレスは物事に取り組む際に必要である。いまは過剰なストレスの影響を受けていなくても,ストレスについて知ることは,心身ともに健康な生活を送るために必要である。ストレスに関する用語,対処法は数多い。

　そこで,それらを短くわかりやすく伝えるトランプを作成し,保健室で話を聞きながら,気軽にストレスの意味や適切な対処方法を紹介する実践を行った。

2　トランプの作成

　用語・対処法については,4つのスートに以下のように割り振りをした。

スート	トランプの内容	
スペード	ストレスの用語と説明	よく耳にするものを選び,説明を簡単に添えた。
ダイヤ ハート	教師がしているストレス解消法	教師の「日常よく行っているストレス解消法」「生徒にすすめたいストレス解消法」「小中学生にすすめたいストレス解消法」を聞き,選択した。
クラブ	ストレスを感じたときに自分に送る言葉	ストレスを感じたときに,それを楽にするように捉える「物事を前向きに捉える考え方」「自分を励ます言葉」を集めた。

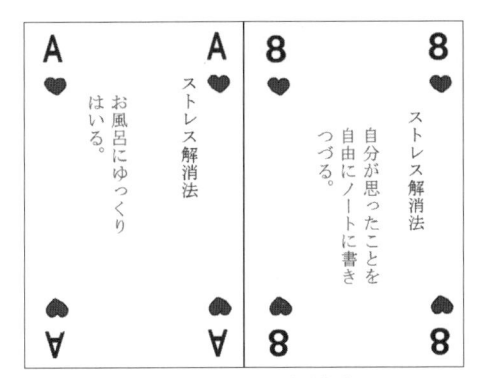

実践校の教師からストレス解消法についてアンケートをとり，選択した。

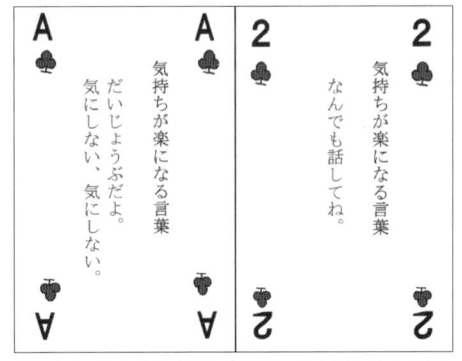

「物事を前向きに捉える考え方」「自分を励ます言葉」をまとめたトランプ。

3　実践の進め方

　　保健室での活用のため，決まった手順はないが，次のように行った。まず最初に，「手作りなんだよ。見てくれる？」と声をかけることがポイントである。
①「ストレス解消法としてふだん実行していること」を選ばせたあとに，「それ以外にやってみようと思うこと」「できそうなこと」を追加して選ぶよう促す。子どものストレス解消法の知識を増やすことができ，そこから独自の解消法を思いつくこともある。ただし，「物を壊す」「人や動物にあたる」等の好ましくない解消法についてはきちんと話をする。
②「物事を前向きに捉える考え方」「自分を励ます言葉」を見ながら，「こういう考え方もあるね」と話をする。この過程で，子ども自身がストレスの捉え方に気がついたり，気に入った言葉を選んだりする。

4　子どもたちの様子と今後の課題

　　子どもたちは「ちょっと変わったトランプ」を気軽に手にとっていた。ゲームに使えるトランプだったので親しみやすかったようだ。
　　今回は養護教諭が作成したが，生徒が作成することもできる。そのときは，いわゆる「よい解消法」と「よくない解消法」を区別するよう教師が介入する。学級やグループでトランプを作成しゲームをすれば，親しみもわき，目にふれる機会も多くなる。学校の規則や実態にあわせて活用することが大切である。

■ 参考文献

　　大野太郎ほか編『ストレスマネジメント・テキスト』東山書房。嶋田洋徳ほか編著『学校，職場，地域におけるストレスマネジメント実践マニュアル』北大路書房。

教科				活動内容		活動単位			作成	
学活	総合	特活	道徳	国語	作成	使用	学級	グループ	個人	交流	手書き	パソコン

9 感情トランプ

教育相談・ストレスマネジメント

●生井久恵

1 本実践のねらいとよさ

- 相手の表情や動作から，感情がくみ取れることに気づく。
- 身体動作も含めて，自分の感情を表現することができる。

トランプにさまざまな顔の表情・全身の様子が描かれている。そのため，他人の感情を読み取ることが苦手な子どもや，自分の感情を表すことが苦手な子どもに，どのような表情・動作がどのような感情を表しているかを知らせることができる。ゲームをすることでほかの子どもと人間関係を作ることもできる。

2 本実践の全体計画　全2時間

はじめは支援の必要な子どもと1対1でトランプ遊びを行い，カードに描かれた絵から感情を考えたり，同様の動作をして感情をくみ取ったり表現したりする練習を行う。

また同じ学級の子どももこのトランプを使って遊ぶことで，感情表現の仕方について共通理解を図る。それを遊びのなかに取り込むことで，繰り返し意識化し，感情を考える練習をさせ，自然に身につけさせる。

	単元名	授業内容	領域
1次	感情の表し方を練習しよう	支援の必要な子どもと1対1で行う。①教師の表情や動作から，その感情のカードを見つける練習，②カードの表情や動作から読み取れる感情を考え，動作をまねたりして，感情を捉え，表す練習，などを行う。	個別支援（休み時間等）
	日常生活の中で感情を考える	教室にカードを拡大したものを貼り，「いまみんなはどんな顔？」とか「いま，○○ちゃんはどんな顔？」などと問いかけ，日常的生活のなかで，表情や動作から感情を考えさせる。	道徳（1時間）
2次	グループで感情トランプを使おう	さまざまなトランプゲームをし，そこに現れた表情や動作をみんなでまねる。そこで子どもが表情や動作を共通理解する。	学活（1時間）

選んだカードからストーリーを作る。　　　　教師のヒントから表情を選ぶ。

3　授業中の様子

　グループでの活動では，スリーヒントゲーム（動作，顔の表情，感情の3つの内容のヒントを出す。このヒントから正解のカードを当てる），カードめくりストーリー（順にカードをめくっていき，表情や動作にあったストーリーを考え，つなげていく），ジェスチャーゲーム（1枚のカードをジェスチャーで表し，それを見て正解のカードを当てる）などを行った。

4　トランプの日常生活での使用と発展

　本実践では，感情を表現する動作や表情を教師が用意した。これを，学級の子どもたちに考えさせ，その学級独自の感情トランプを作ると，よりその学級の子どもの感覚にそったものにできる。

　そして，日常生活のなかで「いまみんなはどんな顔？」とか「いま，○○ちゃんはどんな顔？」と問いかけ，カードを媒介にして支援の必要な子どもや周りの子どもが友達の気持ちを考えさせる。それにより，人の気持ちを表す表情や動作には人により違いがあることに気づくことができる。人から自分の表情や動作について考えてもらうことにより自分への気づきがあった子どももいる。

　さらにその感情がネガティブなものであっても，周囲の人間が上手にそれを受けとめられるようになるとさらによい。そして，最終的に周りの子どもたちが「あ，いまはできていないけど，○○の感情を表現したいんだな」と察することができるようになるとすばらしい。

※感情トランプについては，本書巻末の付録を参照。

教科			活動内容		活動単位			作成	
学活	総合	特活	道徳	国語	作成	使用	学級	グループ	個人	交流	手書き	パソコン

10 道徳Q&Aトランプ

教科・領域に導入する

●山本明子

1 本実践のねらいとよさ

・最高学年として，自分のことだけでなく周囲のことも考えて行動できる。

どう行動すれば周囲が気持ちよく生活できるかを考え，まとめたものを，トランプにして目にふれる機会を増やし，日常的に実践できるようにした。

2 本実践の全体計画と考え方　全6時間

最高学年としてどう行動するのかを考えるときに，まず「周囲に支えられている・周囲を支えている自分」を振り返り，友達や家族，社会・自然等に囲まれ生活している自分に気づかせた。友達や家族に感謝の気持ちをもつとともに，「これからの行動」も考えさせ，下級生や友達・家族とのかかわり，社会生活での自分の行動（ルールやマナーを守る等）についてその意味を話し合った。

それらをまとめ，表現する場として創作トランプを活用した。できるだけ多くの人に知ってもらい，自分でも考えを振り返る機会とした（表内の※は『心のノート』を使用）。

	単元名	授業内容	領域・時間
1次	最高学年としてみんなのことを考える	自分を囲むものについて考える（友達・家族・社会・自然等）。	学活（1時間）
2次	友達ともっと仲よくなるために！	友達にされてうれしいことを考え，自分の日常も振り返る。	学活（1時間）
	わたしの原点はここにある※	家族の大切さを話し合い，接し方を考える。	道徳（1時間）
	社会に目を向けて・ぐるりと周りを見渡せば※	社会のなかでの行動について話し合う。	国語 道徳（1時間）
3次	いま生きているわたしを感じよう※	植物・動物など命あるもの全ての命の尊さを確認する。	道徳（1時間）
4次	自分たちがめざす行動をまとめよう	トランプの内容をグループごとにもう一度振り返る。（作成は教師）	学活（1時間）

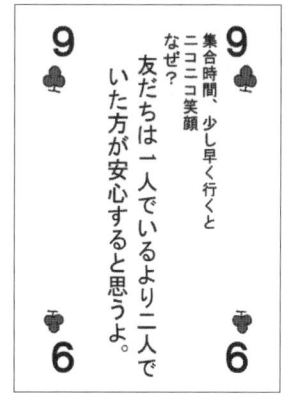

子どもが考えた裏面のデザイン　　　　グループで考えたトランプの内容

4　授業中の様子

　　ルールやマナーを知っていても，なぜ守らねばならないかを考えたことのある子どもは少なかったが，自分で考えたり友達の意見を聞いたりして，意識が変化してきた。ふだん，深く考えたことがないルール等の意味を真剣に考えていた。あたりまえだと思っていた家族や友達の行動をありがたいことと実感したり，してもらいたくても社会では思い通りにならないことに気づいたりするなど自分や身の回りのことを改めて振り返ることができた。

　　また，自分の考えをトランプの形にすることが意欲につながり，それぞれの場面でどう行動するかを具体的に考え，主体的な行動に結びつけて考えられた。

5　子どもたちの変容と振り返り

　　周囲にしてもらいたいことを多く考えていた子どもが，「お年寄りが階段を上っていたら手を貸したい」などと自分ができることを考えるようになった。また，自分本位だった子どもが，周囲に支えられていまの自分があることに気づき，考えてから行動することが多くなった。友達に声をかけるとき，理由をつけて話すことができるようになり，相手も素直に耳を傾けることができるようになった。学級が，以前よりあたたかい雰囲気になった。

6　実践を終えて

　　今後，「ほかの学級でもトランプを活用してもらい，学校全体に広めてルールや周囲のことを考えるきっかけにしてほしい」との意見が出た。また，友達と仲よくする方法を，もっと多くの人に聞いて実践したいと意欲がみられた。今後児童会へ提案し，学校全体があたたかい雰囲気になるようにしていきたい。

教科				活動内容		活動単位			作成	
学活	総合	特活	道徳	国語	作成	使用	学級	グループ	個人	交流	手書き	パソコン

11 知ってる!?「日本の生活・慣習」トランプ

教科・領域に導入する

●土田雄一

1 本実践のねらいと実践のよさ

> ・日本の生活に必要なマナー・慣習などの意味や由来を知る。
> ・調べたことをトランプにして遊ぶことを通して，日本の文化・慣習を見直したり，実際の場面で活用したりすることができる。

　子どもたちは，学校が休みになる祭日などの由来を知っているのだろうか。「子どもの日」は知っていても，「端午の節句」の意味を知っている子どもは少ない。「七草ってどんな草？」「箸の使い方のマナーは？」「暑中見舞いと残暑見舞いの違いは？」など，日常の生活・慣習に関しては，経験していても意外に知らないことが多い。このことは，道徳の「郷土や国を愛する心」の指導にもつながり，国際人として生きる子どもたちを育てることにもなる。

　そこで，子どもたちと知っていそうで知らない日本の生活常識・慣習について話し合い，事柄をグループごとに分担して調べて，トランプを作成した。トランプにすることで，生活の常識・慣習をたびたび確認することができる。「箸の使い方マナー」等，家庭と連携した取組みができ，コミュニケーションをとる材料となる。トランプは，パソコンで作成する。量産できるので，調べた内容を共有できる。他学年にプレゼントしてもよい。家庭での活用が可能である。

2 本実践の全体計画と考え方　全4時間

　「日本の生活・慣習を調べよう」と「トランプを作ろう」の2部構成とし，調べたことをトランプにしようと呼びかけてから実施した。

	単元名	授業内容	領域
1次	日本の生活・慣習を調べよう	・「祝日の由来」から行事・慣習等の意味に関心をもつ。調べてみたい事柄をグループごとにあげ，分担して調べる。 ・調べた事柄からトランプにするものを選ぶ。	総合(2時間)
2次	トランプを作ろう	・パソコンに入力し，トランプを作る。 ・トランプで遊ぶ。慣習等について話し合う。	総合(2時間)

トランプ札の例:

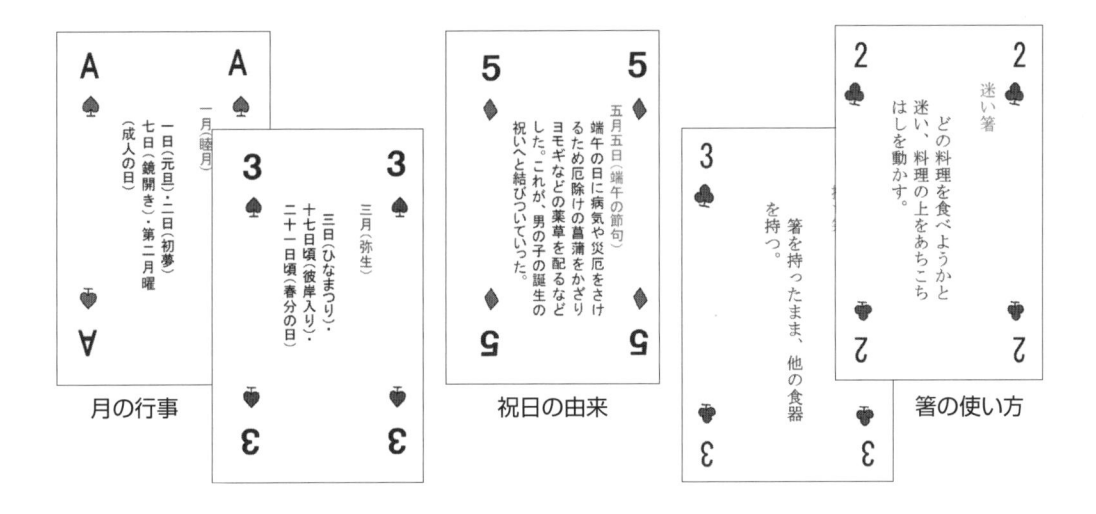

- 月の行事: A♠「一日(元旦)・二日(初夢)／七日(鏡開き)・第二月曜(成人の日)／一月(睦月)」
- 3♠「三日(ひなまつり)・十七日頃(彼岸入り)・二十一日頃(春分の日)／三月(弥生)」
- 祝日の由来: 5♦「五月五日(端午の節句)／端午の日に病気や災厄をさけるため厄除けの菖蒲をかざりヨモギなどの薬草を配るなどした。これが、男の子の誕生の祝いへと結びついていった。」
- 箸の使い方: 3♣「箸を持ったまま、他の食器を持つ。」
- 2♣「迷い箸／どの料理を食べようかと迷い、料理の上をあちこちはしを動かす。」

3　授業中の様子

　はじめは関心が薄かった子どもたちも「祝日の由来」や「月の行事」「礼儀作法」などを調べ，意味を知ると面白さを感じていた。2007年から4月29日が「みどりの日」から「昭和の日」に，5月4日が「みどりの日」になることや由来を知ると，強い関心を示していた。「箸の使い方のマナー」をインターネットで調べたグループは，30を越える「嫌い箸」に驚き「これ，やってる」「おばあちゃんに言われたことがある」など生活を振り返って，口々に感想を話していた。トランプにする前にほかのグループに教えに行く子どももいた。

　作成後は「七並べ」「ババ抜き」を「文を読んでから出す」というルールで行い，楽しそうに自作のトランプで遊んでいた。後半に「日本の慣習を調べて考えたこと」を話し合うと，「知らないことがわかってよかった」「もっといろんなことを調べたくなった」「家族にも教えたい」などの感想が出た。

4　子どもたちの変容と振り返り

　実践後，日本の慣習や常識について，子どもたちの関心が高くなった。「家族にも教えたい」という感想から，貸し出し期間を決めて家庭に持ち帰ってよいことにしたところ，保護者にも喜ばれた。保護者からは「知らないことがあった」「箸の使い方は家庭でも気をつけたい」などの反響があった。特に「箸のマナー」を扱ったことで，家庭とつながりのある実践をすることができた。

　学校では「今日は○○の日だよ」と慣習を紹介する子や給食の時間に「それは『くわえ箸』だ」など注意をし合う姿がみられた。

　「日本の生活・慣習」に焦点を当てた実践だったが，「行事の由来」は小学生には難しく，トランプに短くまとめるのが予想以上に大変だった。

●編　著

土田　雄一　つちだ・ゆういち

千葉大学教育学部附属教育実践総合センター助教授。
1957年秋田県大館市生まれ。千葉大学大学院教育学研究科学校教育臨床専攻修了。専門は教育相談，道徳教育。千葉県市原市立有秋西小学校を振り出しに，1987年には南アフリカ共和国ヨハネスブルグ日本人学校へ。千葉県長期研修生（道徳）。市原市教育センター指導主事，千葉県子どもと親のサポートセンター研究指導主事を経て，現職。上級教育カウンセラー。著書に，『100円グッズで学級づくり』（編著）図書文化，『国際性を育てる道徳の授業』明治図書，『学校と家庭を結ぶ不登校対応』（共編著）ぎょうせい，『クラスの荒れを防ぐカウンセリング』（共編著）ぎょうせい，『「心のノート」とエンカウンターで進める道徳　小学校編』（共編著）明治図書，『エンカウンターで道徳　小学校高学年編』（共編著）明治図書，『道徳と総合的学習で進める心の教育　小学校中学年編』（共編著）明治図書ほか。

●分担執筆（五十音順，2006年12月現在）

潤間　和子	うるま・かずこ	袖ケ浦市立平岡小学校教諭
川添　幹貴	かわぞえ・みきたか	市原市立若宮小学校教諭
合田　実	ごうだ・まこと	千葉市立花園小学校教諭
坂本　千代	さかもと・ちよ	昭島市立拝島第三小学校教諭
生井　久恵	なまい・ひさえ	松戸市立柿ノ木台小学校教諭
野村　幸能	のむら・ゆきやす	千葉市立花園小学校教諭
松田　憲子	まつだ・のりこ	習志野市立大久保東小学校教諭
本島亜矢子	もとじま・あやこ	佐倉市立臼井西中学校養護教諭
森　美香	もり・みか	千葉大学教育学部附属小学校教諭
山本　明子	やまもと・あきこ	市原市立光風台小学校教諭
吉田　英明	よしだ・ひであき	千葉市立都小学校教諭

こころを育てる創作トランプ
ゲームで進める「学級づくり・人間関係づくり」

2007年2月15日　初版第1刷発行［検印省略］

編　著 ⓒ 土田　雄一
発 行 人　　工藤　展平
発 行 所　　株式会社　図書文化社
　　　　　〒112-0012　東京都文京区大塚3-2-1
　　　　　TEL.03-3943-2511　FAX.03-3943-2519
　　　　　振替　00160-7-67697
　　　　　http://www.toshobunka.co.jp/
印 刷 所　　株式会社　加藤文明社印刷所
製 本 所　　株式会社　駒崎製本所
装　　幀　　株式会社　加藤文明社印刷所
イラスト　　株式会社　図書文化社

Ⓡ本書の全部または一部を無断で複写複製（コピー）することは，著作権法上での例外を除き，禁じられています。本書からの複写を希望される場合は，日本複写権センター（03-3401-2382）にご連絡下さい。

ISBN978-4-8100-7486-4 C3037
乱丁・落丁本の場合はお取り替えいたします。
定価はカバーに表示してあります。

身近なグッズで教材開発子どもたちのこころを育てる協力ゲーム

100円グッズで学級づくり
人間関係力を育てるゲーム50

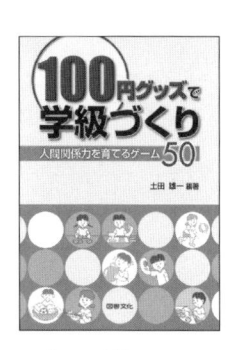

土田 雄一 編著
A5判／120ページ
定価 **1,470**円（本体1,400円）

道具1つで，こんなにゲームが楽しくなる！

人間関係力は，遊び（ゲーム）を通して身につく。廉価で教育活動に役立つグッズを取り入れることで，ゲームの幅が広がる。

教員の教材開発意欲を刺激し，子どもたちの創造性をも高める**50**のゲームを紹介。

● **本書で紹介するグッズとゲーム**
キッチンタイマー：絶対時感リレー
アイマスク：トラストヒットリレー／トラストアート／いまの私，どんな顔してる？
カラーコーン（小）：両手でキャッチ
メガホン（大）：スーパーモデルリレー／新・聖徳太子ゲーム／メガホン野球
ハンドベル：サウンドナビ
○×カード：自己紹介○×クイズ　　　……など

● **100円グッズ活用の発想法** （本文より）

- そのまま生かす
- 素材を生かす 
- 形状を生かす 
- 加える 
- 代用する 
- ひとひねりする 
- 結合・組み合わせる

使い方　サウンドナビ

活動場所：体育館
準備物：アイマスク・音の違うハンドベル（ペア各1），カラーコーンなど障害物（必要数）
ねらい：聴覚をとぎすませ，相手の誘導によって行動し目的を達成

障害物をよけてコースを1周する。声を出したり互いに触れたりしてはいけない。役割を交換して行い，終わったら感想を話し合う。
協力を高めるポイント：案内役は前を歩くとよい。事前に練習をし，

〒112-0012　東京都文京区大塚3-2-1　**図書文化**　TEL03-3943-2511　FAX03-3943-2519
http://www.toshobunka.co.jp/

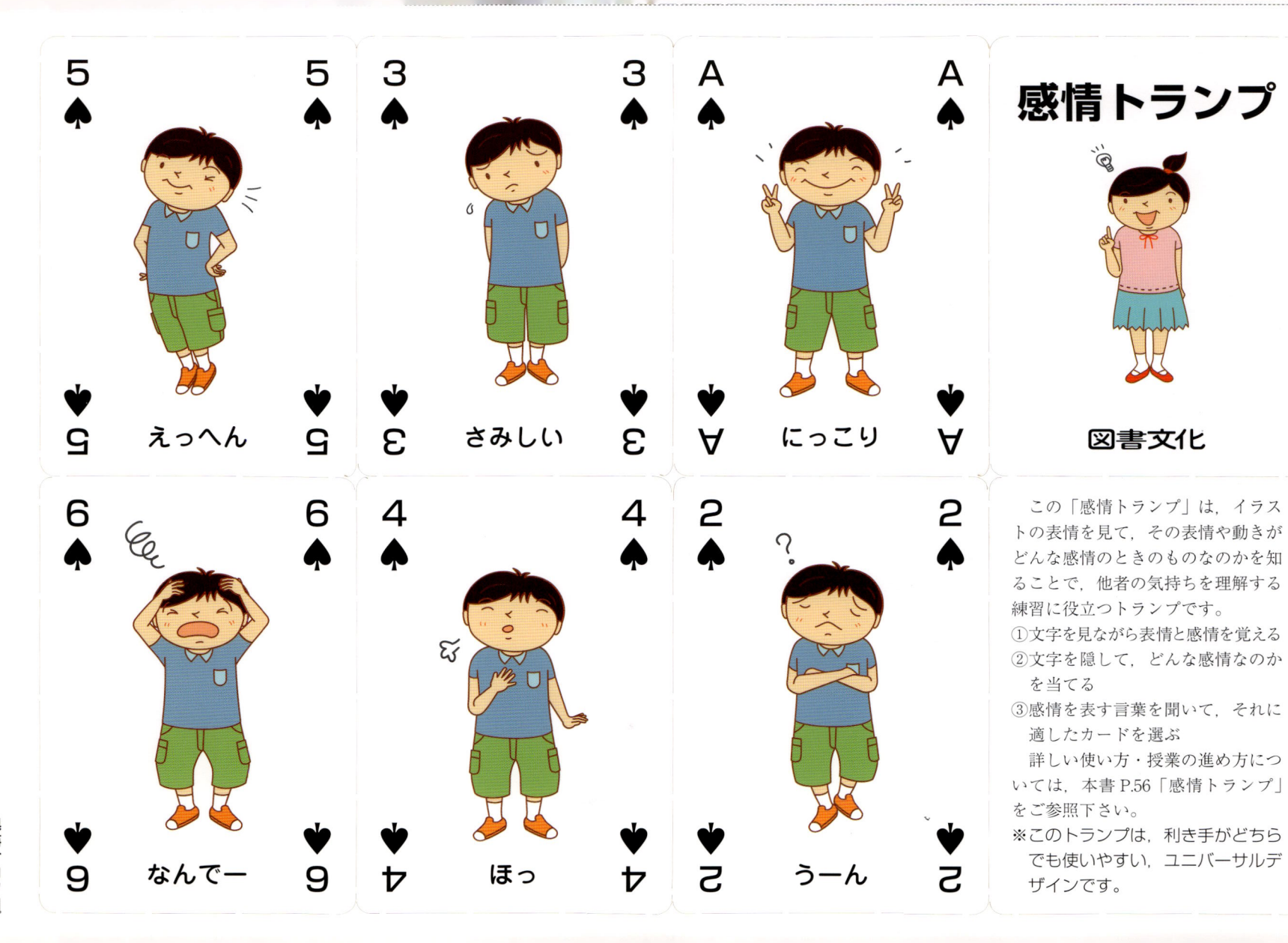

こころを育てる創作トランプ

感情トランプ

図書文化

この「感情トランプ」は、イラストの表情を見て、その表情や動きがどんな感情のときのものなのかを知ることで、他者の気持ちを理解する練習に役立つトランプです。
① 文字を見ながら表情と感情を覚える
② 文字を隠して、どんな感情なのかを当てる
③ 感情を表す言葉を聞いて、それに適したカードを選ぶ
詳しい使い方・授業の進め方については、本書 P.56「感情トランプ」をご参照下さい。
※このトランプは、利き手がどちらでも使いやすい、ユニバーサルデザインです。

- A♠ にこにこ
- 2♠ うーん
- 3♠ きみしい
- 4♠ ほっ
- 5♠ どっくり
- 6♠ なんで－

感情トランプ

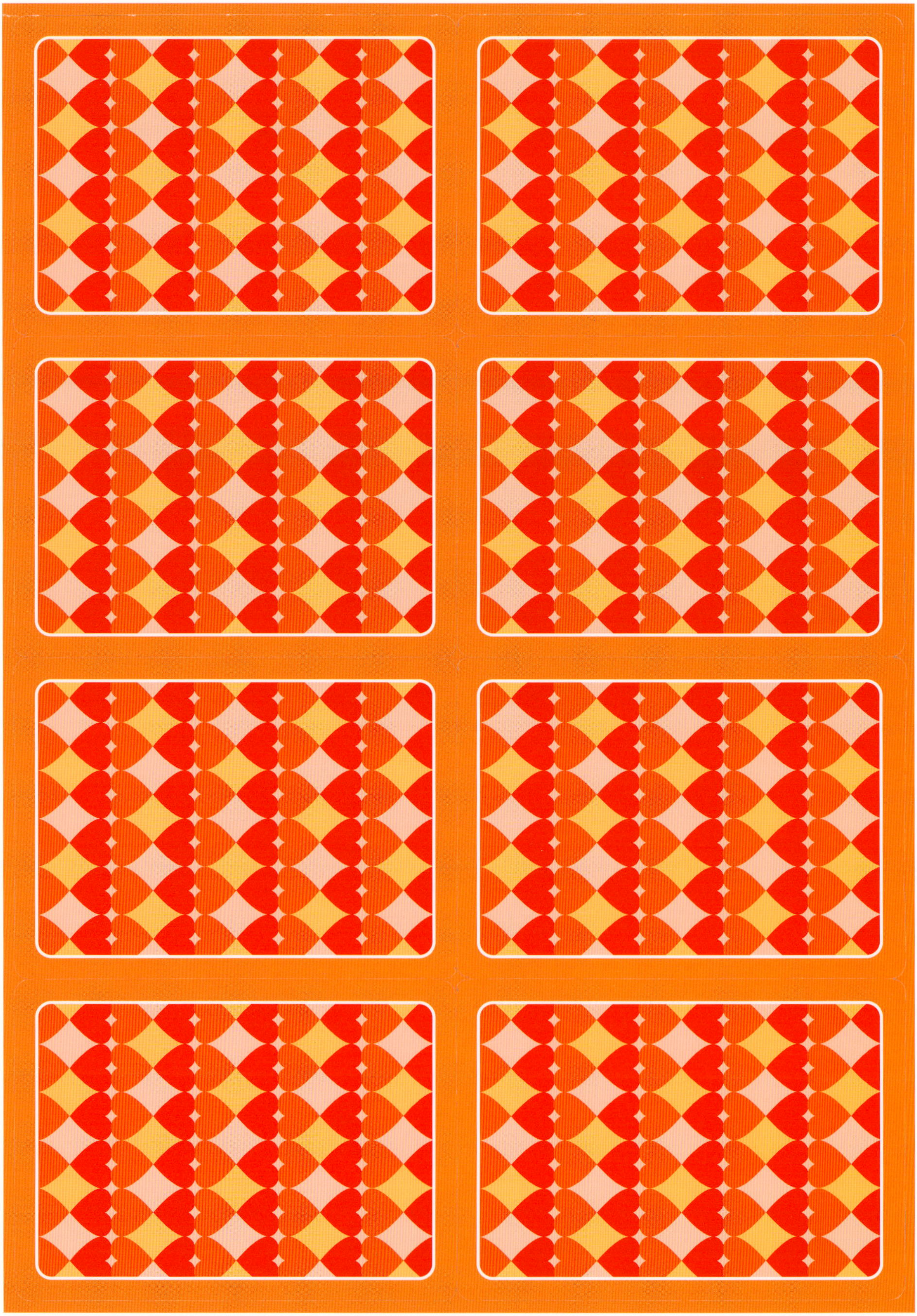

こころを育てる創作トランプ

- 7♠ びくびく
- 8♠ おどり
- 9♠ おこってる
- 10♠ さけぶ
- J♠ おおわらい
- Q♠ いばってる
- K♠ うぇーん
- A♦ にっこり

感情トランプ

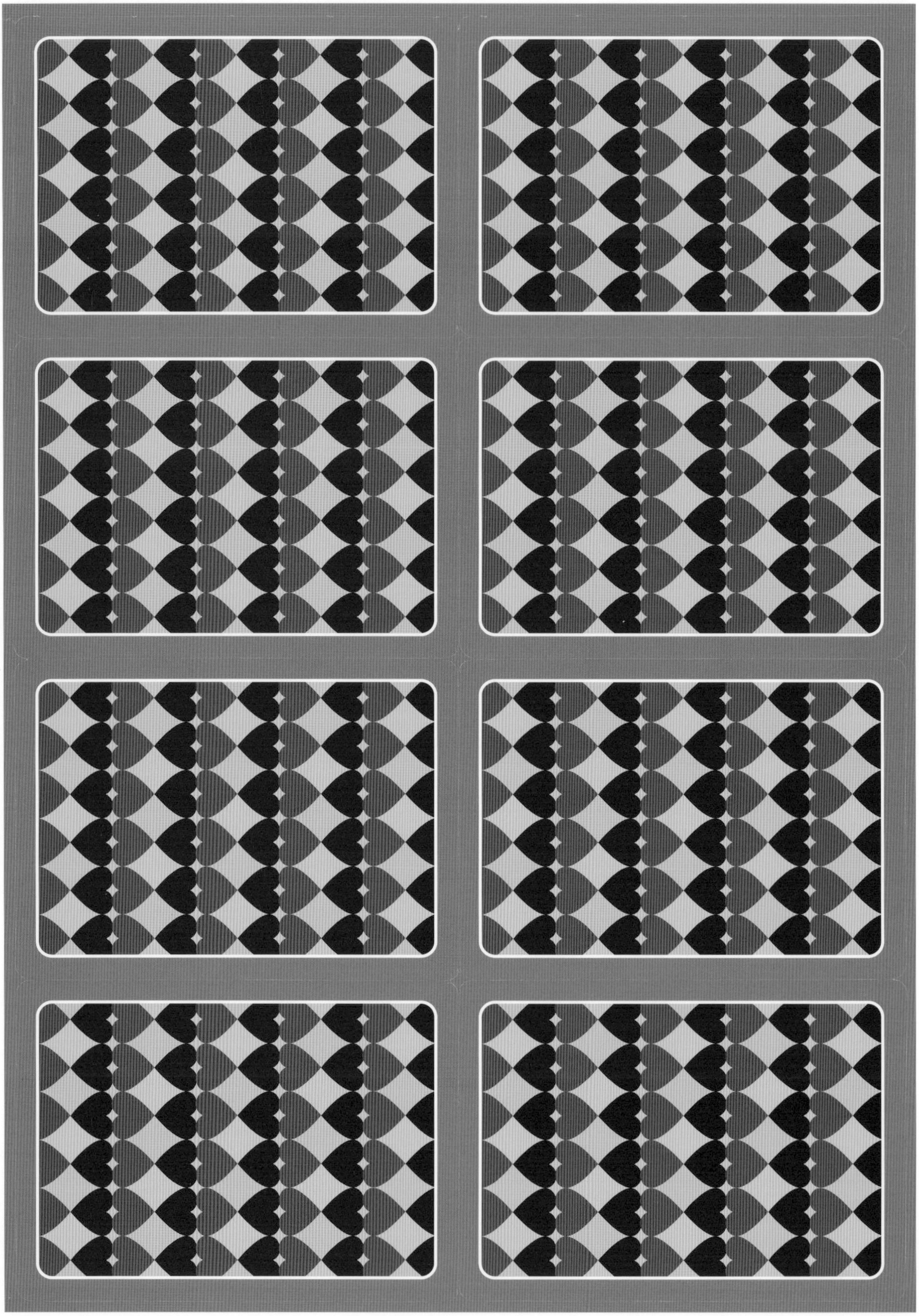

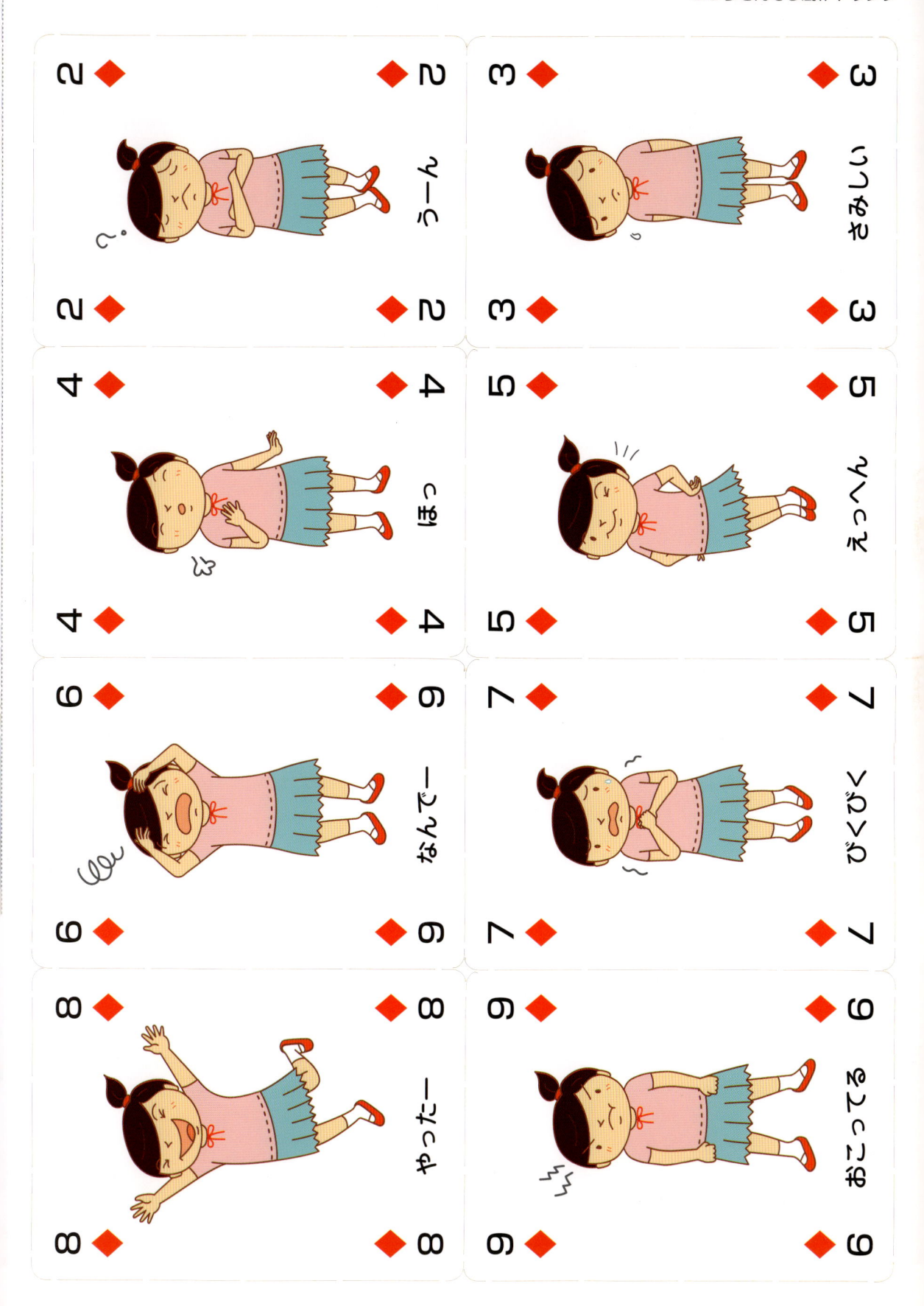

こころを育てる創作トランプ

- 2♦ さびしい
- 3♦ きらい
- 4♦ ほっ
- 5♦ えっくしょん
- 6♦ こまった
- 7♦ びくびく
- 8♦ やったー
- 9♦ やっこって

感情トランプ

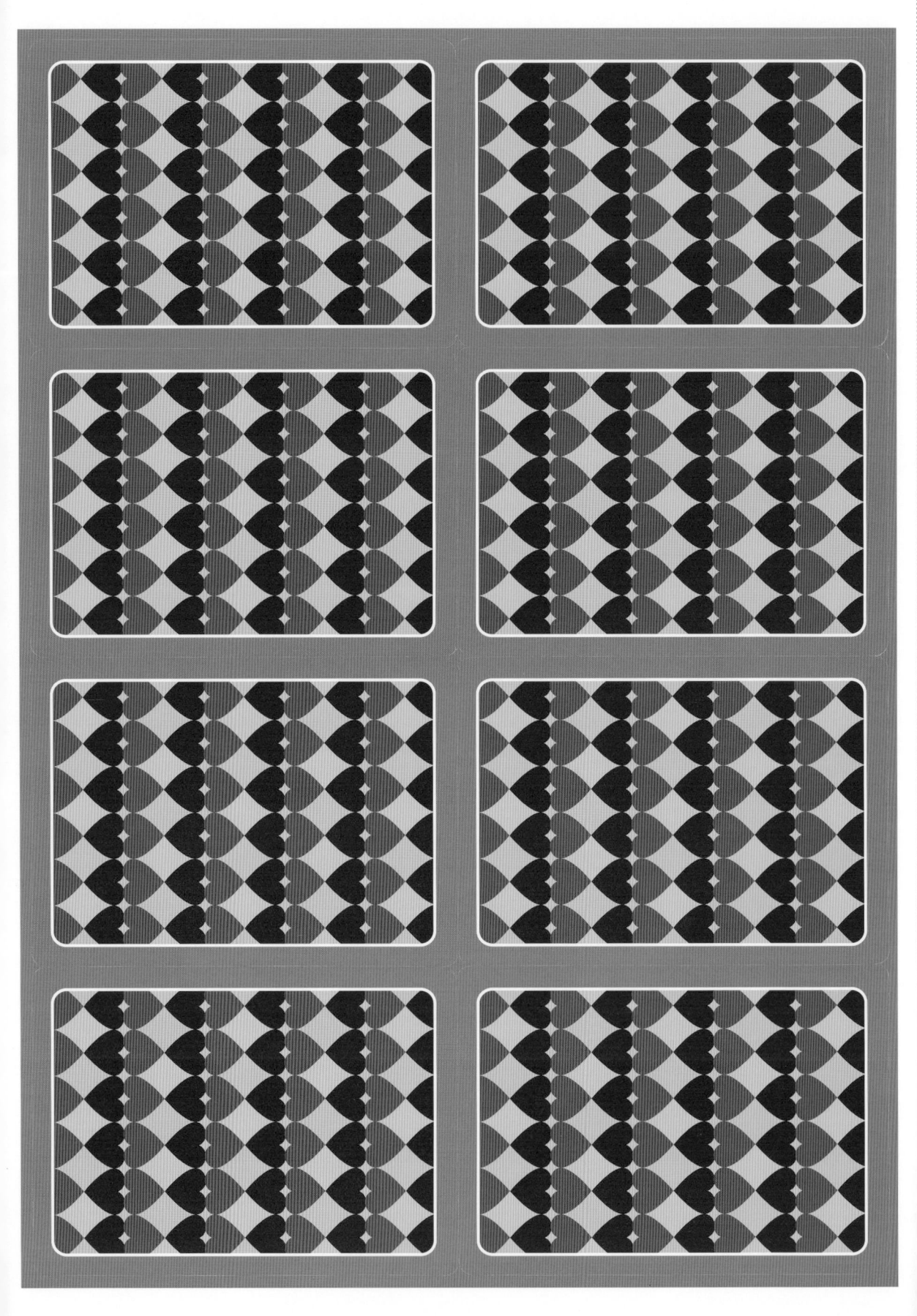

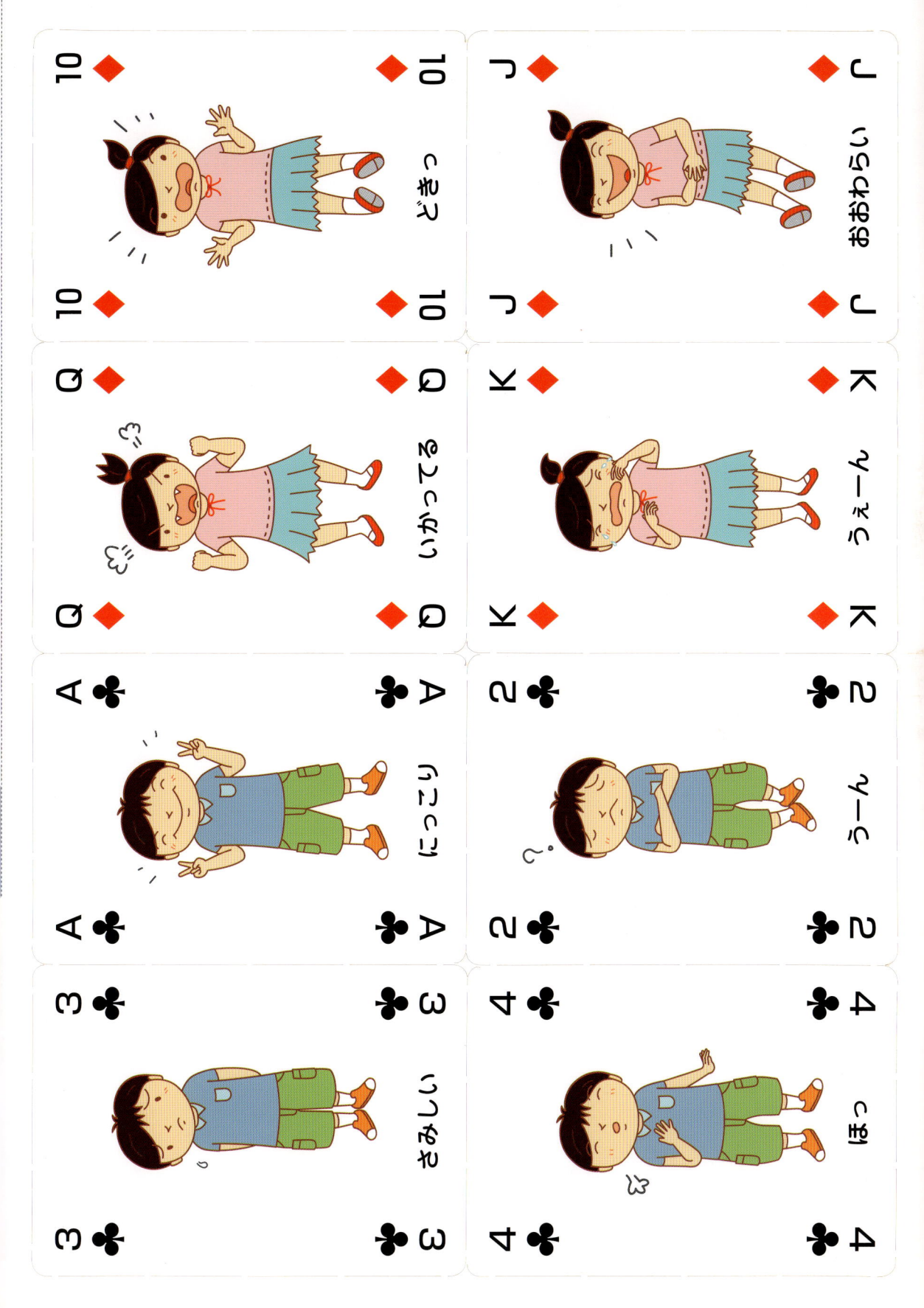

こころを育てる創作トランプ

感情トランプ

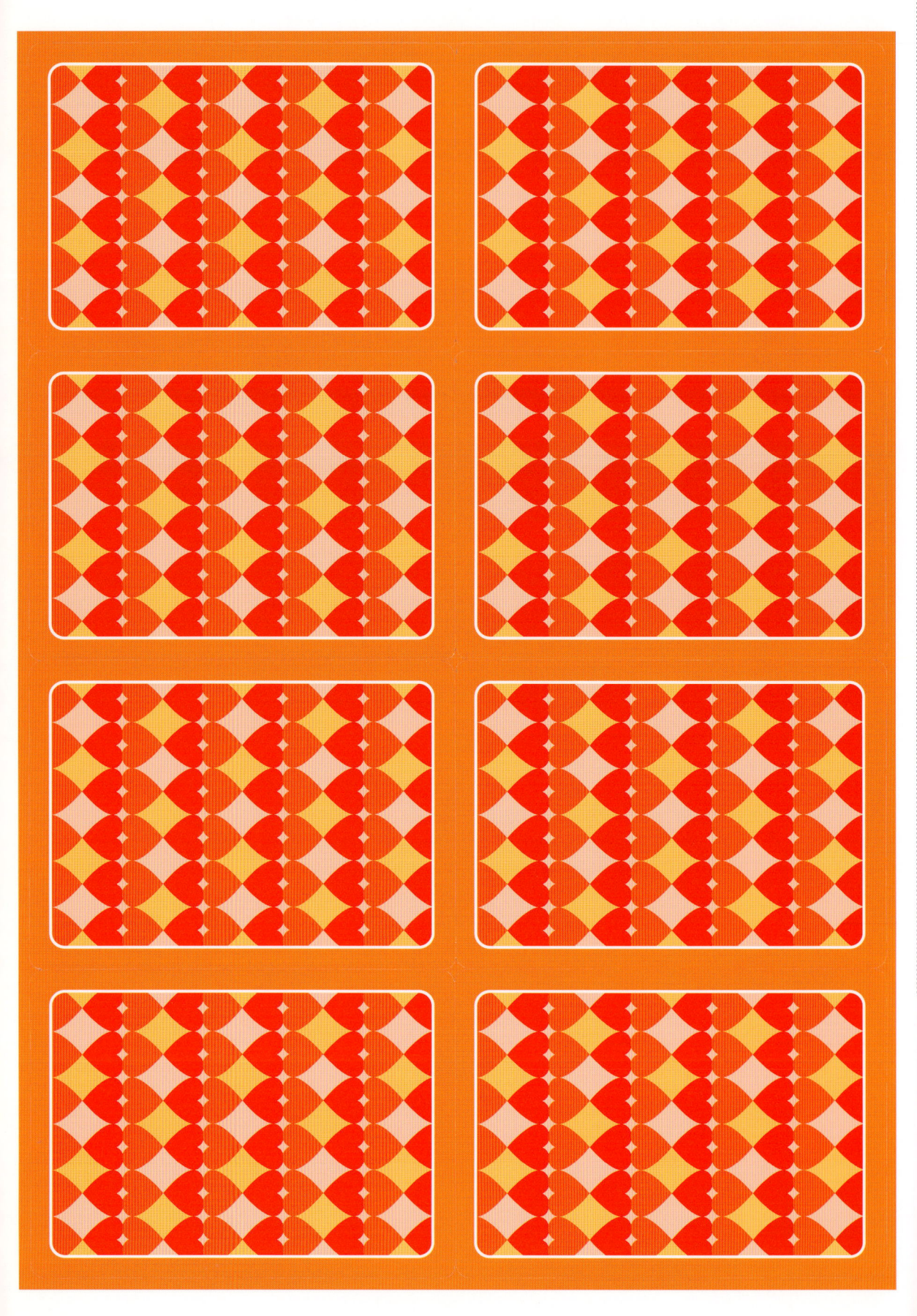

こころを育てる創作トランプ

5♣ びっくり	6♣ なやむ
7♣ さむい	8♣ やったー
9♣ きんちょう	10♣ あつい
J♣ おおあくび	Q♣ きもちいい

感情トランプ

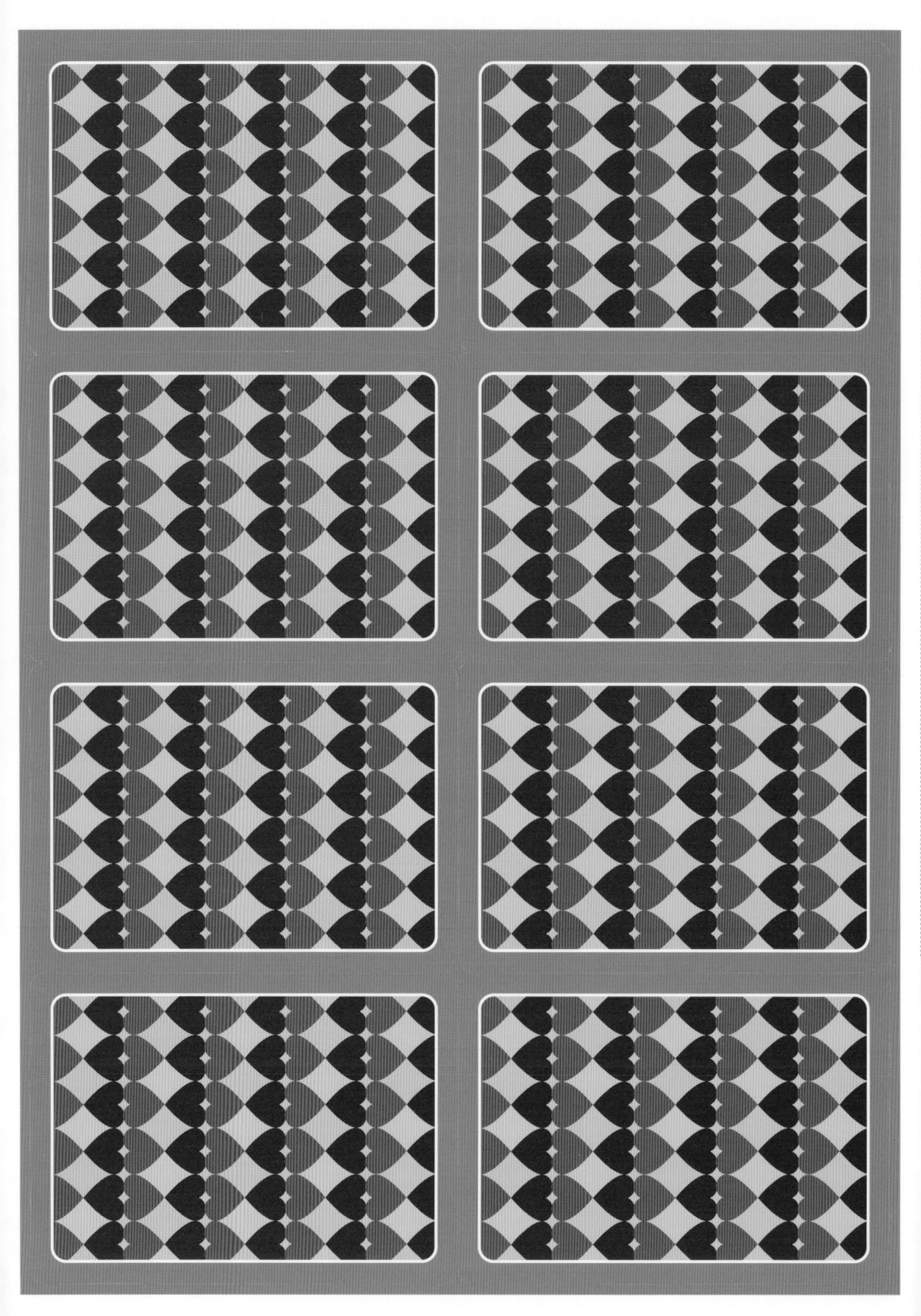

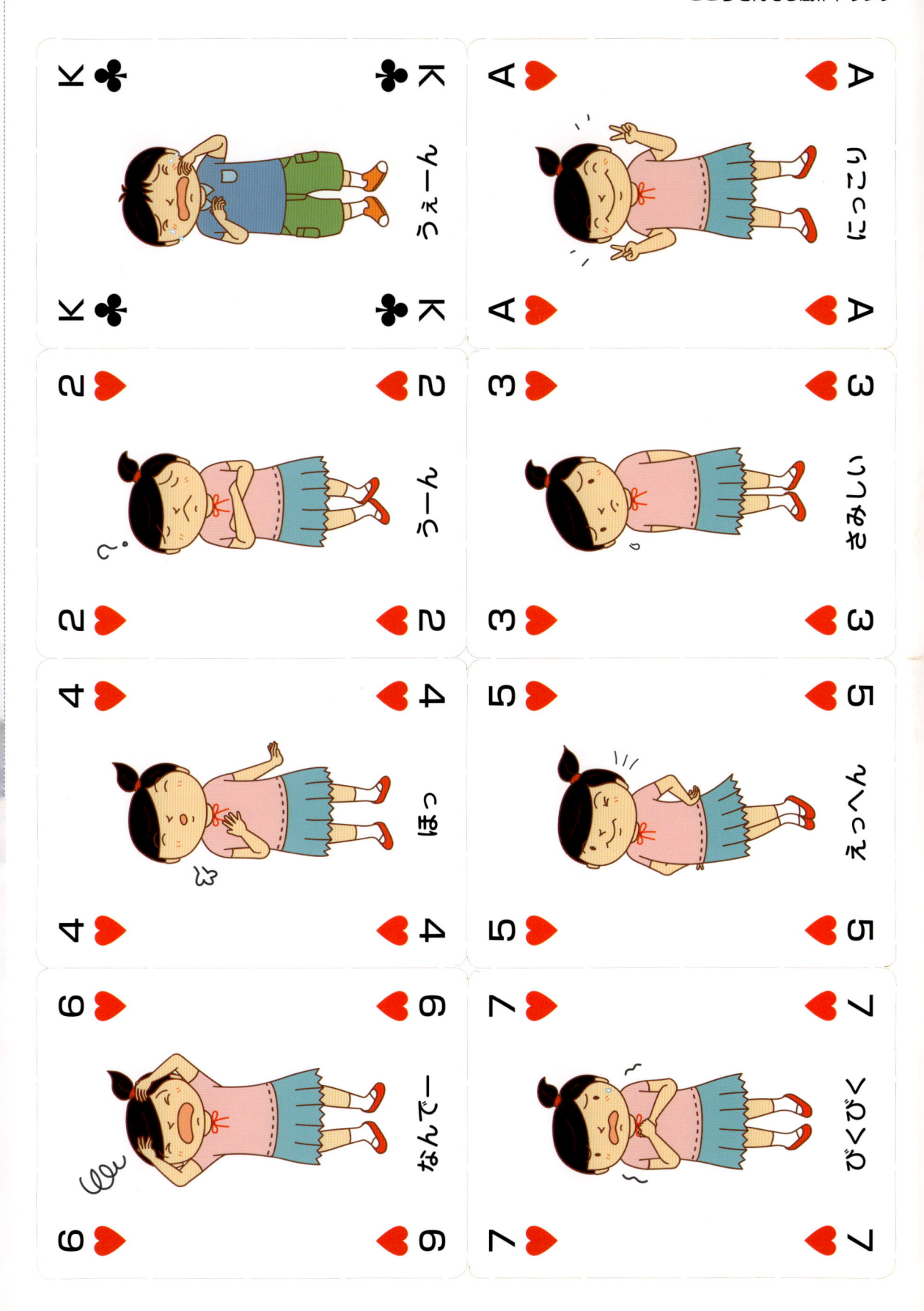

こころを育てる創作トランプ

- K♣ うえーん
- A♥ にっこり
- 2♥ ううーん
- 3♥ きゃはっ
- 4♥ ほっ
- 5♥ ぞくぞく
- 6♥ なんでー
- 7♥ びくびく

感情トランプ

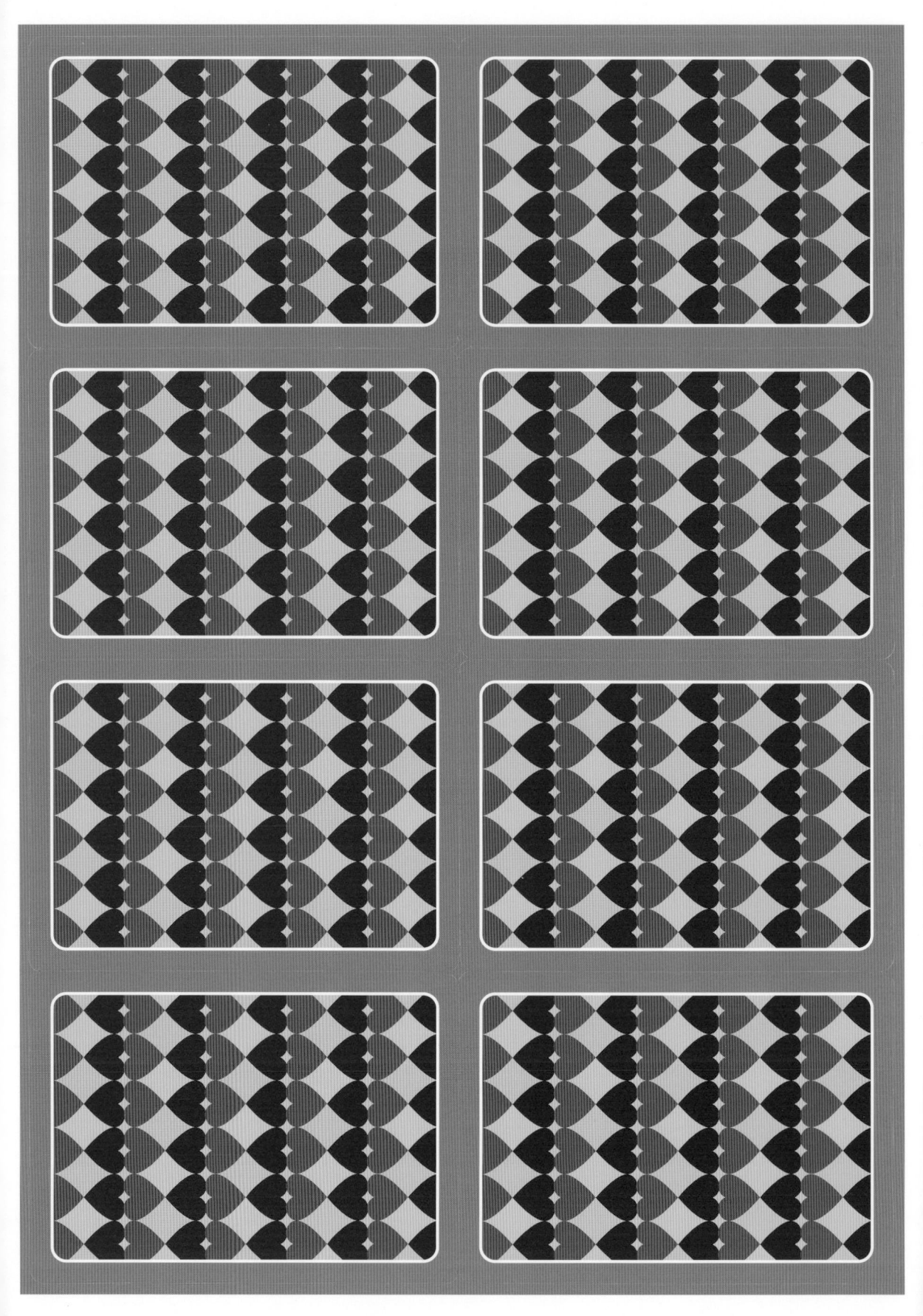

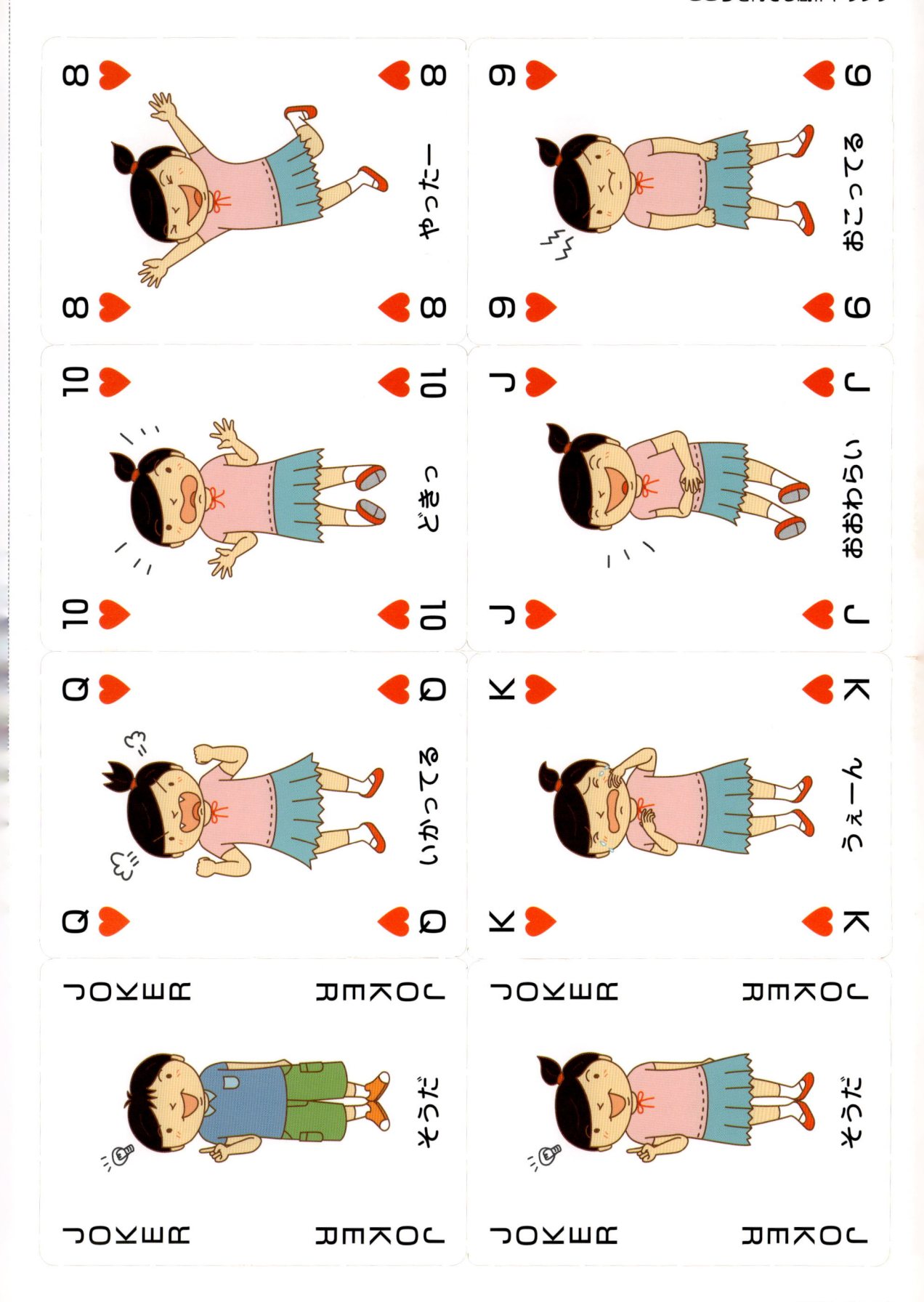

こころを育てる創作トランプ

- 8♥ やったー
- 9♥ おこってる
- 10♥ びっくり
- J♥ おおわらい
- Q♥ いかってる
- K♥ うぇーん
- JOKER そうだ
- JOKER そうだ

感情トランプ

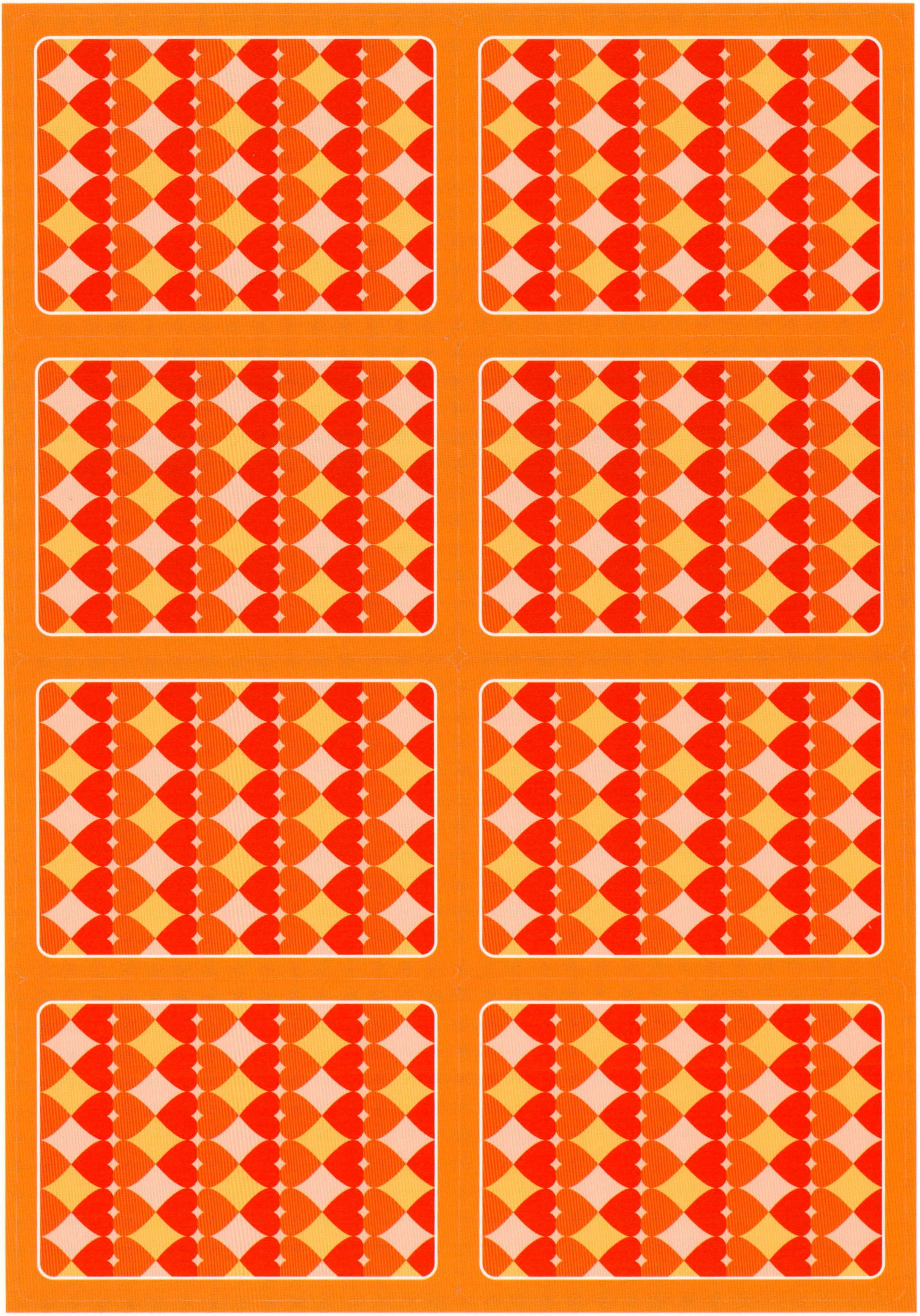

こころを育てる創作トランプ

のりしろ

こころを育てる創作トランプ

感情トランプ

図書文化

感情トランプ